明治の国際人・石井筆子

デンマーク女性ヨハンネ・ミュンターとの交流

長島要一
nagashima yoichi

新評論

筆子とは

ヨーロッパ派遣女子留学生として将来を嘱望され、華族女学校でフランス語を教えるかたわら鹿鳴館時代に美子《はるこ》皇后の通訳を務めていた大村藩（長崎県）出身の渡辺筆子。(1)

自由結婚を唱えていながらも親の定めた小鹿島《おがしま》家に嫁ぎ、三人の娘を産んだがみな障害があり、夫にも先立たれた筆子。

再婚して、石井亮一(2)とともに滝乃川学園を経営した筆子。

（1）昭憲皇太后《しょうけんこうたいごう》（一八四九～一九一四）明治天皇の皇后。旧名・一条美子《いちじょうはるこ》。病弱で実子はなかった。

（2）（一八六七～一九三七）明治から昭和初期にかけての心理学者・教育学者・社会事業家。日本の知的障害者福祉の先駆者であり、社会福祉法人滝乃川学園の創立者、財団法人日本知的障害者福祉協会の初代会長である。日本の「知的障害者教育・福祉の父」と呼ばれている。

筆子が中途で放棄していた婦人解放と女性自立の運動は、日清戦争後に武器商人であった夫に従って来日したヨハンネ・ミュンター夫人（Johanne Münter・一八四四～一九二一）に引き継がれ、遠くデンマークの地で婦人参政権運動として発展していった。

洋の東西の二人の主婦が、短期間ながらも交流し、友情を深めて心の深みを打ち明けあっていた。その出会いに焦点をあわせ、西洋女性に影響を与えた明治の国際人石井筆子の知られていない側面を、新史料をもとに描写していく。

言うまでもなく、筆子は現代人が決して忘れてはならない日本女性の一人である。

娘時代の筆子（写真提供：滝乃川学園石井亮一・筆子記念館）

もくじ

凡例：翻訳部分の表記において使用している［　］は、筆者補記である。

明治の国際人・石井筆子——デンマーク女性ヨハンネ・ミュンターとの交流

プロローグ

明治初期、岩倉使節団に同行してアメリカに留学した山川（大山）捨松や津田梅子ら数人の女子留学生たちのことはかなり知られている。数こそ少なかったが、それ以外にも女子留学生はヨーロッパに派遣されていた。その一人が筆子で、フランス語を学んだほか貴重な西洋体験をして帰国し、脚光を浴びるようになった。

新設された華族女学校にフランス語教師として招かれ、近代化を目指す日本における西洋文明吸収の象徴であった鹿鳴館では、その語学力と外交官並みの社交術で皇室にも重宝されていた。そんな称賛に値する人生を送っていた筆子であるが、夫婦生活や家庭生活には恵まれず、やがて石井亮一と再婚し、彼の右腕となって滝乃川学園の活動に携わるようになった。

それ以来、知的障害者教育の世界で温かく意義深い事業を成し遂げていたにもかかわらず、筆子はなぜか後代の人々によって「無名の人」と呼ばれている。

筆子は、日本における婦人教育の発展と女性の自立に貢献することを夢に描いていたが、運命のいたずらか、日の当たらない場所で縁の下の力持ちになる道をあえて選んだ。しかし、その足跡の意味するところは、とても広く深いものだったと言える。

数学の世界では「絶対値」と言われるが、陰の人生の「マイナス5」は、華やかで陽気な「プラス3」の人生よりも絶対価値は大きい。筆子を「無名の人」と呼ぶことで、日本人は過小評価をしているようにも思われる。

苦難が多かったであろう筆子の人生の支えになっていたのはキリスト教であり、夫の石井亮一の存在であったと思われる。しかし筆子には、それ以外にも、地球の反対側で彼女の不幸な身を心配していたデンマーク婦人がいた。ヨハンネ・ミュンターという年上の女性である。

日清戦争（一八九四〜一八九五）直後に日本を訪れた彼女は、東京で筆子に出会って親密な関係になり、それ以来、二人の間に温かい友情が続いた。自分がまだ若く活動的だった日々を覚えていてくれたヨハンネの写真を、筆子は自らのアルバムに貼るというまでの関係であった。

一方、ヨハンネは、筆子の婦人教育の分野での奮闘ぶりを目の当たりにしたことが切っ掛けとなり、デンマークに帰国後、それまでの主婦の立場から一転して婦人参政権運動にかかわるようになっていった。筆子がヨハンネに影響を与え、筆子の成しえなかった仕事が遠くデンマークで実践されていったわけである。

筆子は、さぞかし歯がゆい思いをしたことであろう。しかし、筆子の人生においては、それが励みになり、勇気づけられていたと思われる。

筆子とヨハンネの友情を裏付ける新史料の発見という幸運に恵まれた。筆者の研究テーマである「日本・デンマーク文化交流史」の準備過程において、ヨハンネが一九〇五年に著した『Minder fra Japan（日本の思い出）』という回想記を見つけたのだが、そこに筆子との運命的な出会いが書き綴られていた。

その記述をたどってさらに調査を進めていくと、筆子を紹介したデンマークの新聞記事なども発見された。また、別の機会においては、若くて美貌の筆子が、筆子とは語られぬまま活写されている写真にも遭遇した。まるで暗合《あんごう》としか言いようのない形で、筆子の艶姿が筆者の前に立ち現れたのである。

こうした新しい史料に光を当てる

『日本の思い出』（1905年）の表紙

ことで、これまであまり知られてこなかった筆子の実像を、間接的にではあれ、若く溌剌として
いたヨーロッパ留学時代を含めて、世界的な視野で婦人教育の問題を思い描いていた様子を本書
においてよみがえらせることができればと思っている。

筆子には、いわゆる陰の人生を選ぶ前に、華やかで陽の半生があった。そして、自らが先頭に
立つことはなかったにしろ、筆子の志していた婦人教育の運動は国外においてまず婦人参政権運
動として達成され、その波は日本にも押し寄せつつあった。つまり、筆子の名は世界に知られて
いたわけであり、決して無名の存在ではなかったのである。

筆者としては、本書において筆子の「無名」が返上されることを願うばかりである。

第1章
鹿鳴館
——和装の通訳婦人

一八八五年の夏、フランス東洋艦隊に所属する練習船「トリオンファント号」の艦長として、ジュリアン・ヴィオ（Louis Marie-Julien Viaud・一八五〇～一九二三）海軍大尉が長崎に到来した。

彼は、ピエール・ロティ（Pierre Loti）というペンネームで、世界周遊の途上で出会った異国情緒豊かな女性たちをモデルにした作品を書いて、世界的に有名になった小説家でもある。植民地時代特有の、非西洋人をいささか蔑み、哀れむような視線で観察したエキゾチックな国々の詩的な描写が作品発表当時にはもてはやされていたが、現在はあまり読まれていないようである。

ロティは長崎に着くや、ひと夏の契約で日本女性を「囲い」、家を借りた。そして、美しい長崎の自然と気のよい人々とともに日本での生活を満喫したのだが、それはあくまでも、優越感に満ちた白人が現地人たちとその生活ぶりを味わう、という図式に則ってなされたものであった。

もちろん、本人はオリエンタリズムの見本のような行動に気付いてはいなかっただろうが、ロティがそのときの体験をもとにして一八八八年に書き上げた『お菊さん』を読めば、この間の事情がよく飲み込めるはずである。小男であったロティの劣等感をはじめとして、ホモセクシャルの傾向があったことなど、現実の世界が作品では虚構化されており、ジャポニズムの時代にふさわしい、きらびやかな彩色が施されている。

このロティが、秋になって次の寄港地である横浜に移った。当時の日本、少なくとも首都東京においては欧米化政策一色という状態であった。国の近代化を早く実現させ、欧米の列強国と肩を並べることを目標としていた明治政府は、たとえ表面的であれ、文化の面でも西洋化を推進していることを欧米人に示すため一八八三年に鹿鳴館を建てた。そこで舞踏会などを開き、洋装した日本人男女が西洋人と文字どおり交流していたわけである。

すでに外国経験のあった少数の日本人を例外として、大多数の日本人は慣れない場にとまどい、みっともない姿に失笑をかってもひたすら耐えるという状態であった。法律で定められた燕尾服にシルクハット姿という礼装をしていた男たちが、「サルのようだ」と言われて風刺画にまで描かれている。

また女性のほうも、ほとんどの人が裾模様（和服）を着ていたなかで、たまにパリ製の夜会服を着用している人がいても、どこかしっくりしないという感じであった。

靴を履き慣れていなかった様子も容易に想像されるし、

明治中期の鹿鳴館（横浜開港資料館所蔵）

事実、疲れきって床に座ってしまったということもあったようだ。それ以外にも、コルセットがきつくて息ができないという日本女性に手を貸してみたら、上下を逆さにして着けていた、などというエピソードにも事欠かないという時代である。

しかし、鹿鳴館に集まった日本のエリートたちは、必死に「文明開化」の国策を身をもって展開させていった。ピアノやオーケストラの奏でる音楽にあわせて踊る人々の動きが、三拍子のワルツになった途端ぎこちなくなったとも言われている。二拍子の文化に慣れ親しんでいた身体に、ワルツはなかなか合わなかったようである。

このようなことをはじめとして、明治期の日本人には「まだまだ」課題が山積みとなっていた。にもかかわらず、「鹿鳴館」と聞くと、現代人は華やかでロマンチックな印象を受けてしまう。どうやら、教科書などで見た絵や写真の影響が強いようである。

三島由紀夫の戯曲作品に『鹿鳴館』（新潮社、一九五七年）というのがあることはご存じであろう。それ以上に、鹿鳴館の夜会の華々しさを描いているのが芥川龍之介の『舞踏会』（一九二〇年発表。角川文庫、一九六八年）である。実はこの作品、ロティの作品である『秋の日本』(1)に所収されている「江戸の舞踏会」という小品を下敷きにして書かれたものである。芥川らしく、想像力を働かせて原作の一部を摘出して空想の輪を広げ、新たに物語を発展させたあとで、最後に機知にあふれた結末を用意して読者を魅了している。

『舞踏会』は、一七歳の令嬢明子が、鹿鳴館でフランスの海軍将校ときらびやかで夢のような素晴らしい夜を過ごすといった話である。そのことを、今は老夫人となった女性が回想して青年に語るのだが、青年の問いに老夫人は、フランス人の海軍将校の名前が「ジュリアン・ヴィオだった」と答えている。それを聞いた青年は、「『お菊夫人』を書いたピエル・ロティだ」と興奮して言うのだが、老夫人は、「ロティではなく、ジュリアン・ヴィオとおっしゃる方でございました」と言い張るところで話は終わっている。

原作と虚構を巧みに織り交ぜて作品をつくる手腕は、いかにも芥川らしくてなかなかのものであるが、ロティの原作自体が実は単なる回想ではなく、一部に虚構を盛り込んだ作品であった。その一例を挙げると、ロティは改称されていたにもかかわらずあえて「江

（1）この本は、『陸眼八目』（飯田旗郎訳）というタイトルで春陽堂が一八九四年に発行したのが最初で、掲載した写真のように、一九四二年に青磁社が村上菊一郎・吉永清訳で再び出版している。

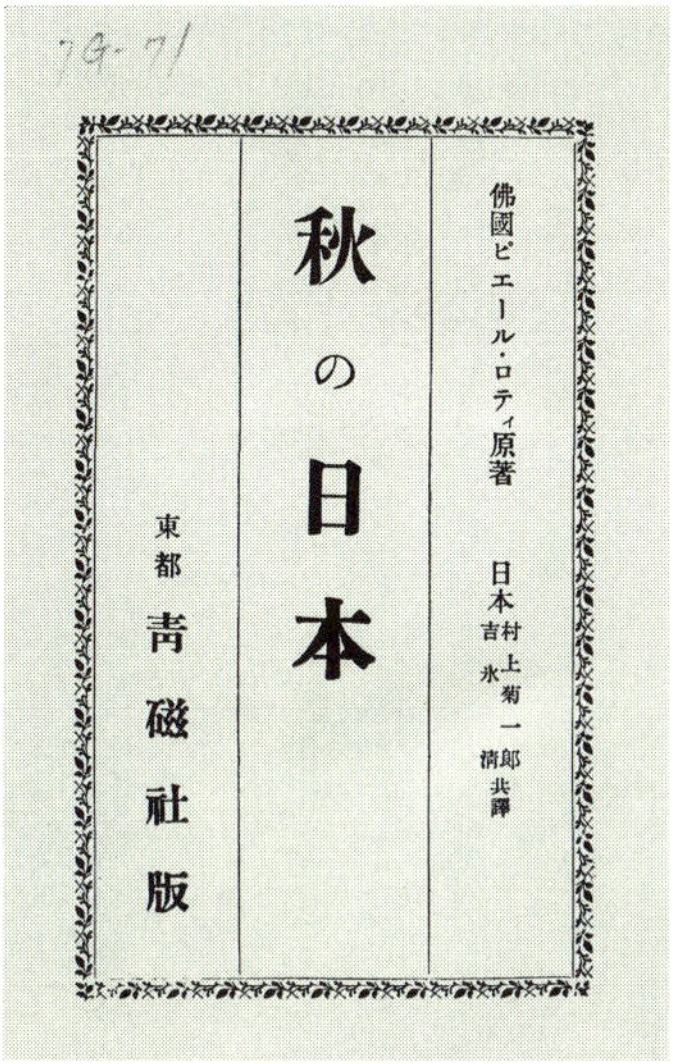

『秋の日本』の扉（国立国会図書館所蔵）

戸」と呼んだ東京で行われた夜会に出席した年を、作品の最終行で「一八八六年」に変更し、虚構化の操作を行っている。細かいことだが、そうすることで、自分が一八八五年の秋の東京で現実に体験したことを相対化しているわけである。

ちなみに、芥川の作品『舞踏会』に付けられている注釈の類いでは、筆者の知るかぎりことごとく作品中の年、つまり一八八六年をロティが横浜ならびに東京を訪れた年だとして疑っていない。もちろん芥川も、「明治十九年」のこととして『舞踏会』を書いている。その延長で、作者はもとより読者たちまでが、『舞踏会』の空想の世界と鹿鳴館という人工の異空間を同一視し、歪んだイメージを描いてしまっているのかもしれない。

言うまでもなく、日本女性のなかにも、式部長官でイタリア公使を務めた鍋島直大(2)にともなってローマでの生活を経験し、「優雅だ」との評判の高かった鍋島栄子（一八五五～一九四一）や、外務大臣井上馨（一八三六～一九一五）の夫人である井上武子（一八五〇～一九二〇）のように、場慣れをしていて応対がうまく、ロティにそれぞれ「アリマセン侯爵夫人」、「ソーデスカ伯爵夫人」とあだ名を付けられた女性もいる。

それ以外にも、アメリカへ留学して帰国後に大山巌の後妻となった大山捨松（一八六〇～一九一九）や、同じく留学経験のあった津田梅子（一八六四～一九二九）などは、外国語が話せたことで夜会では外国人並みに扱われていたし、井上馨の養女で、一八八五年当時は二一歳で語学に堪能だった井上末子や、伊藤博文(3)（一八四一～一九〇九）の娘でダンスが上手だった一八歳の伊藤生子、そして一五歳で前田利嗣夫人になっていた前田朗子（一八七〇～一九四九）など、うら若く瑞々しい女性たちも夜会に花を添えていた。

これらの明治女性たちは、フランス人の海軍将校の腕に収まって踊りまくる様子が絵になっていたであろう洋装の人たちであった。

ロティは持ち前の社交術を充分に発揮して、彼女たちを相手に夜会を過ごすわけだが、日本の男女に対して皮肉な視線を浴びせることはやめなかった。先にも述べたように、優越心をむき出しにした、憐れ蔑むような視線である。さらに、いたずら心でも起こしたのか、和服姿では踊れないことを承知のうえで、ロティは宮中の女官の一人をダンスに誘っている。その前年の一八八四年に、宮中の女官の礼装として定められていた袿袴《けいこ》姿の女性である。

袿袴《けいこ》というのは、「下に緋の切袴をはき、小袖の上に幸菱文の単とさらに袿をつぼ折りにして着る風俗」で、頭も「お中（ちゅう）」といって、左右に鬢を大きく張り出し、前を高くして余り

(2)（一八四六～一九二二）肥前佐賀藩の最後の藩主（第一一代）。維新後は、新政府の議定《ぎじょう》などの要職に就いた。イギリスに留学後、特命全権公使としてイタリアに駐在。貴族院議員。侯爵。

(3)（一八五八～一九〇〇）加賀前田家第一五代当主。イギリスへの留学後、育英事業に尽くす。旧藩士授産のため一〇万円を出資し、北海道後志地方などの開拓に協力した。貴族院議員。

の毛を背に垂らした古色蒼然たる姿」（近藤富枝『鹿鳴館貴婦人考』講談社、一九八三年、一一四ページ）であった。少し長くなるが、この部分の記述をロティの作品から引用してみよう。

フランスの服を着たたくさんのニッポンヌ（日本女性）と踊った後では、それはいろんな礼儀作法（エチケット）に反することでもあり、絶対に許されないことでもあると、あらかじめ注意されていたにもかかわらず、私はあちらにいらっしゃる、あの幾分宗教的な一群の方に進んで行き、宮廷の古風な服を召された一人の神秘な美しい方をお招きする。

不快な私の日本語を軽蔑なさりながら、近づく私を眺めておられる貴婦人の、やや冷ややかな御気色の前で、私は極めて明瞭なフランス語でお願いする、もちろんお判りにはならない。あまりにも思いがけないことなので、御推測さえなさらない。――そして背後に控えている別の婦人を眼でお呼びになる。呼ばれた婦人は、この紹介もない対談の始まりを見て、自分からもう立ち上がっていた。うまく取り計らおうとでもするように。そうしてその婦人は、立ったまま、女らしい容姿（すがた）を大きな薔薇形の紋章のついた硬い着物の中に隠したまま、眠りからでも醒めたように不意に大きく見ひらいた、ぱっちりとした、漆黒の、悧巧そうな美しい眼で私を見詰める。

――ムッシュウ、妙な特別なアクセントのフランス語で彼女は言う、――ムッシュウ、あなたはあの方に何をお願いでございますか？

——御一しょに踊る光栄を。マダム。

たちまちその薄い柳眉は逆立って、次には愕きのあらゆる色が、眼差の中を掠め去る。それから、彼女はその頭の大きな黒い衝立（エクラン）を、例のお方の方へ屈め、私のお願いした驚くべきことを御通訳申し上げる。——おや、御微笑が、——そうして、二人の不思議な二対の眼が私の方へ向けられる。私の図々しさにもかかわらず、たいそう慇懃にたいそうもの優しく、あのフランス語をしゃべる婦人は、お礼を述べて、お連れのお方は彼女以上に、われわれの新しい舞踏を御存じないのだと説明する。それはおそらく本当だろう。しかしそれだけが理由ではない。礼儀作法にまったく反することだということは私も知っている。（中略）私は宮中のご挨拶として、今はただ深く身を屈めるばかりである。黒髪の二つの大きな衝立も、優しい微笑を湛え、さらさらと絹の摺れる音を立てて、お辞儀をなされる。——こうして私はさんざんの態で引き下がったのである。その声音とその眼の表情とが私を魅了したところのあの通訳の御婦人と、これ以上会話を続けることが出来ないのを残念に思いながら。

（ピエール・ロティ／村上菊一郎・吉永清共訳『秋の日本』青磁社、一九四二年、七三〜七四ページ。旧字と仮名遣い、および表記を若干改めている。以下同）

女官をかばうようにしてロティの前に立ちはだかった通訳の婦人は、きっぱりと、しかも懇切に、いささか無礼なロティの誘いをフランス語で見事に退けている。その年の天長節[4]（天皇誕生日）、明治天皇の誕生日であった一一月三日の一週間後に青山御所で催された観菊会の折、ロティは幸いなことにこの通訳の婦人に再会している。

その年の秋は、天皇陛下の容態がすぐれず、当日は皇后陛下が御宴のホスト役を務めていた。午後になってから美子《はるこ》皇后の姿に接することのできたロティは、皇后の上品で小さな顔に魅惑され、その静かに洗練された優美さに心から感服してしまった。

ちなみに、その日ロティが皇后の名前を「春子」と取り違え、「観菊御宴」（『秋の日本』所収）という作品のなかで「皇后プランタン（春）」と呼んで以来、欧米では、現在に至るまで明治天皇の皇后の名前は「春子」ということになっている。

ようやく、待ちに待った皇后が姿を現した。再び、邦訳書から引用してみよう。

> 陛下と並んで、最前列をほとんど陛下と同じような衣装をした通訳ニエマ嬢（mademoisselle Nihéma）が歩いてゆく。彼女こそかつて私がさる舞踏会で、とある貴婦人に舞踏を申し込んだとき、私に妙に固苦しいフランス語で応答したことのあるその人である。ところが、その彼女が、今日は実に生き生きとした表情をしている。彼女はその輝かしい知

的な眼を、招待客の上に、右に左に働かせている。――陛下が、端麗な御微笑を保たれ、お目の届かないところにいるすべての敬礼者たちにまで軽い御会釈を賜りながら、従容として歩を進められている間に。（前掲書、二八二ページ）

皇后はやがて「大変広い一つの亭（キオスク）」に入り、それに続いて、招かれた客たちも中に入って大きな食卓に着くわけだが、当然、皇后は「高い御座所の一端に席を」とった。このあたりの描写の際、ロティは通訳の婦人に「ニエマ嬢」というあだ名を与えている。

上品な御通訳、「ニエマ嬢」は、食事の間に、この御宴に招かれた四、五人のヨーロッパの夫人たち（フランス、イギリス、ドイツ、ベルギー、ロシアの各公使夫人）を代る代る御座所の前に案内しに差し遣わされる。公使夫人らは　陛下がほとんど聞き取れぬ位のお声で

（4）　天皇が主催する戸外での宴会のこと。「観菊会」は一八八〇年から、「観桜会」は一八八一年から開催されているが、日中戦争に伴い、前者は一九三七年に、後者は一九三八年に中止された。現在、「園遊会」の名称で行われている行事は一九五三年からはじまっている。当初は秋のみであったが、一九六五年からは春にも行われている。この年は、一一月一〇日に観菊会が催されている。皇后は三六歳であった（『昭憲皇太后実録』上巻、吉川弘文館、二〇一四年、三五七ページ）。

御下問を賜る間ほんのちょっと陛下のおそばにかしこまる。「ニエマ嬢」は　陛下の御言葉を、特徴のある妙なアクセントのフランス語に翻訳する。（前掲書、二八六ページ）

一人の外国夫人との会話がすむと、「そこでまた『ニエマ嬢』は、重々しい衣ずれの音をさせながら、次の夫人を迎えにゆく」。

やがて御宴が終わり、皇后陛下が「玉座からお立ちになる。もうほとんど陽の光はないが、それでも例の紫の大きな御日傘をおひろげになり、ふたたび何事にも動ぜぬ御態度をおとりになりながら、（中略）御退場になる。その御退出のために、ふたたび薮陰から奏せられ出した例の讃歌（イーム）［君が代］の音に連れて」（前掲書、二八七〜二八八ページ）。

ロティは、黄昏の美しい青山御所に呆然としてたたずむ。そして、その日に魅了されたことのすべてを逐一記録しようと決心した。

私はフランスに帰国したら、私が日本の　皇后陛下をどんなにすばらしいものに思ったか、その幾分なりとも書いてみることにしよう。おそらく、私のその献上文（オマージュ）は、いずれ長い時日を経った後には、海を渡って、フランスの雑誌を読んでいるに違いない、あ

――のニエマ嬢に翻訳されて、陛下の御手元にとどかないと誰が云えよう。（前掲書、二九〇ページ）

ロティは皇后陛下のすぐ近くにいて、皇后の気品ある応対の姿勢に心を奪われたわけだが、それと同時に、実に優雅に、しかも要領よく通訳の仕事をこなしていた「ニエマ嬢」からも眼を離せないでいた。その日の皇后陛下をこの世のものとは思えないほど素晴らしい女性と思い、帰国後、前述したように「春」という名前を授けて誉め讃える文章を書いたわけである。それがまさに「観菊御宴」という作品であるわけだが、それが日本で、ほかでもないニエマ嬢によって翻訳されることを夢見ていた。

秋の日本を訪れたロティの記憶の深部には、常に通訳をしていたニエマ嬢に対する想いがあり、この婦人を発見したことで日本女性に対する見方を改めることになった。

それほどまでロティに崇められ、敬意を抱かれていたニエマ嬢は、鹿鳴館を中心に極端な欧米化を推進していた明治期の日本にあって、和装でいながらも外国人に直《じか》に接した女性の一人であったが、ロティはその婦人の正体を知ることはなく、また婦人のほうもロティの作品のなかで描写されていたことを知らず、とうとう誰もそれに気付かないまま今日まで来てしまったわけである。

この、姿勢がよく大柄な日本女性の存在は、その端正な容姿はもとより、機転の利くフランス語や英語での対応ぶりのおかげで、短かった鹿鳴館時代の間、際立ったものとなった。社交の舞台のみならず、機会さえ与えられていれば、外交の世界でも充分に活躍できるだけの能力を備えていた女性だと思える。しかし、明治期の日本では、それはまだ時期尚早だったにちがいない。

すでに気付かれたであろうが、この女性こそ筆子がモデルであったと思われる。このような決断を下す決め手については、いましばらくの間、記述を控えることにする。

第2章

渡辺筆子の娘時代

女性は結婚によって姓が変わるので、本書では一貫して「筆子」と呼ぶようにしている。その筆子だが、旧大村藩（現長崎県）の上級武士であった渡辺清（一八三五～一九〇四）の長女フデとして一八六一年に生まれた。父親の渡辺清は、大柄な弟である渡辺昇（一八三八～一九一三）とともに、倒幕王政復古を目ざすべく大村藩内の体制を整えるのに功績があった人物である。ちなみに、この渡辺昇は、大佛次郎（一八九七～一九七三）が著した『鞍馬天狗』のモデルになったと言われている人物である。

筆者の単なる思いつきで申し訳ないが、幕末に活躍した色白の鞍馬天狗と聞くと、黒澤明監督の映画『赤ひげ』（東宝、一九六五年）をつい思い出してしまう。そして、この両者には白人紅毛の血が混じっていたのではないかと勝手に想像し、大男の渡辺昇に至っては、場所が長崎ということもあるので、もしや何代か前の先祖にオランダ人の血が混じっていたのではないかと考えたりもしてしまう。もちろん、根拠のある話ではないが、そうすれば筆子にもその可能性があったのでは……と考えている。

明治維新後、間もなく渡辺清は東京に居を移した。そして娘の筆子は、一八七二年になって初めて上京し、翌年から、のちに「東京女学校」(1)と呼ばれた官立の女学校に通うことになった。そこでは、英語をはじめとしたさまざまな科目をアメリカ人教師から学ぶことになった。

その翌年、つまり一八七四年に筆子の父は福岡県の知事に任命されたため、筆子を除く家族とともに任地に引っ越している。筆子は東京に残って学校に通い続けたわけだが、東京女学校が一八七七年に突然閉鎖されることになり、クララ・ホイットニー（Clara A.N. Whitney・一八六〇～一九三六）のもとで個人教育を受けることになった。

クララは、商法を教えるために日本に招かれてきたウィリアム・ホイットニー（William Cogswell Whitney・一八二五～一八八二）教授の娘で、のちに（一八八六年）勝海舟の三男梅太郎と結婚した人物である。女性の自立を説いて息巻きながらの娘時代を送っていた筆子とは親交が深く、自らの仲間たちとともに、筆子と日常生活を楽しんでいた。

ところが、ホイットニー家の英語塾に通い出した三か月後、突然、筆子は東京を離れて福岡の家族のもとに戻ることになった。それには二つの理由があった。

一つは、家族が筆子を元大村藩の家老であった小鹿島《おがしま》右衛門の長男である果《はたす》（一八五七～一八九二）と祝言を挙げさせようとしていたことで、もう一つは、世界一周旅行の途上にあったアメリカのグラント前大統領が長崎を訪れる折に、英語のできる筆子に相手をさせようと家族が考え

(2)

(1)　一八七二年一月に東京府下竹橋（現在の東京都千代田区）に設立された「官立女学校」。通称は「竹橋女学校」。新時代の女子教育の中心機関として期待されたが、西南戦争後の財政難が理由で五年で廃校となっている。その後、東京女子師範学校に統合され、その附属高等女学校として継承された。現在のお茶の水女子大学附属中学校・お茶の水女子大学附属高等学校の源流となる。

ていたことである。グラント前大統領の長崎訪問は一八七九年に実現しているが、彼は豊かな表現力を駆使して英語を話す筆子に感銘を受けたという。

当時、地質学を学んでいた小鹿島果《はたす》は身体が弱かったと伝えられている。幼いときに親が決めた果との婚約に、女性の自立を願っていた筆子は当然同意をしなかったわけだが、結局一八八〇年、一九歳のときに親の要求を受け入れ、果と仮祝言を挙げ、その四年後に正式な結婚式を執り行っている。

親に仮祝言を挙げると約束とした筆子は、東京に戻ってクララと再会した。クララがアメリカに帰国することになったからであるが、この別れは、仮祝言と同じくらい筆子にとっては大きな打撃となったことであろう。

ちょうどこのころ、筆子はブランシェット夫人(3)が立教女学校で開いていた聖書学校に通うようになった。父親は筆子がクリスチャンになることに反対していたので内緒であったようだが、キリスト教に触れることで心の安らぎを筆子は求めていたのかもしれない。

その年の七月、筆子にオランダならびにベルギーに渡るチャンスが訪れた。両国の全権公使に任命された長岡護美《もりよし》(一八四二〜一九〇六)とその妻ちくの付添いということであったが、筆子は旧大村藩主の娘ちくを子どものころから知っていたので気軽に応じている。一説に、筆子をヨーロッパへ送る決定が下された裏には、美子《はるこ》皇后からの要望があったとも伝えられている。

筆子の滞欧中の動向についてはあまり知られていない。筆子の回想記の類いにもこれといった記述がなく、二年後の一八八二年の五月に帰国するまでの間、ヨーロッパの実情を自分の目で見、視野を広げることができたにちがいない、と推測できるだけである。ところが、のちほど紹介する新史料によって、この間のもう少し詳しい事情が明らかになった。

筆子が帰国した年の一一月、クララもアメリカから日本に戻ってきて、二人は再会を果たしている。同じころ、岩倉使節団[4]にともなって一八七一年以来訪米していた津田梅子と山川（のちの大山）捨松も帰国している。

明治初期の留学生というと、この二人をはじめとする岩倉使節団に同行した三人（永井繁、吉益亮、上田悌）が有名だが、彼女らの留学先はアメリカとはかぎらず、筆子のようにヨーロッパで学んだ女性もいた。ちなみに、津田梅子は筆子とごく親しい仲になっている。

（2）（Ulysses S. Grant・一八二二～一八八五）アメリカ合衆国の軍人、政治家。南北戦争北軍の将軍および第一八代アメリカ合衆国大統領。アメリカ史上初の陸軍士官出身の大統領である。

（3）立教女学校設立に協力した米国聖公会の宣教師ブランシェット長老（Clement T. Blanchett・一八四五～一九二八）の夫人アニー・モルトビーのこと（Annie Van Ness Maultby・?～一九三三）。

（4）一八七一（明治四）年から一八七三年まで、明治新政府が文明開化の手本とすべき欧米を視察するために、岩倉具視を正使とし、木戸孝允、大久保利通、伊藤博文を副使として派遣した大使節団。

欧米の事情に通じ、語学が堪能な女子留学生の帰国を待たずには、一八八三年一一月に完成した鹿鳴館に象徴されるように、文化の分野における日本の欧米化政策を遂行することはできなかった。

また、法律関係の専門家として明治政府に招かれていたフランス人ボアソナード(5)が娘のルイースを連れてきていたが、筆子はこのルイースのもとでフランス語の能力に磨きをかける機会を得ている。そしてボアソナードからは、慈善事業の発達状況を見ればその国の文明度を測ることができるということも学んだ。

娘時代、すでに女性の自立について考えていた筆子にすれば、親が決めた許嫁と結婚をしなければならない我が身を振り返って、いろいろと思うところがあったと考えられる。それだけに、女性の自立において欠かせない女子教育の重要性について学ぶようになったことは、当然の帰結だったと思われる。

(5) (Gustave Émile Boissonade de Fontarabie・一八二五〜一九一〇) フランスの法学者、教育者。日本の太政官法制局御用掛、元老院御用掛、外務省事務顧問、国際法顧問、法律取調委員会委員などを歴任した。勲一等旭日大綬章受章。

第
3
章

小《お》鹿《が》島《しま》果《はたす》との結婚と女子教育

一八八四年七月二二日、筆子は小鹿島果《おがしまはたす》と正式に結婚し、渡辺姓から小鹿島姓に変わった。筆子、二三歳のときである。病弱で四歳年上の果は東京の統計局に勤務していたため、二人は東京で新婚生活をスタートさせている。

一八八五年九月、筆子は開校したばかりの華族女学校のフランス語講師になった。一八九〇年に入学してきた生徒の一人に九条節子《さだこ》（一八八四～一九五一）がいたが、この女性がのちに大正天皇の后となった貞明皇后である。筆子は、常に皇室と近しい女性であった。

日本の近代化のシンボルであった鹿鳴館が開かれたのが一八八三年、西洋風に音楽が演奏され、ダンスパーティーが催されたほか、展示会やバザーなども開かれていた。そのため、外国語ができ、欧米の事情に通じていた筆子は結婚してからもたびたび鹿鳴館を訪れている。

そして、「鹿鳴館の華」などとも呼ばれて夜会には欠

小鹿島果と筆子（出典：眞杉章『天使のピアノ　石井筆子の生涯』）

かせない存在になっていたようだが、それは単にダンスがうまくて、若くて美しい日本女性として評判がよかったからではない。背が高く、凛とした態度、知的で機転が利き、鹿鳴館を訪れていた西洋婦人たちと比べても決して見劣りがしないほど西洋体験が豊富である日本女性として一目置かれていたのだ。

筆子は、それほどまでに国際人としての成長を遂げていた。また、鹿鳴館の夜会では、前述したように、礼装である和服姿の皇室女性たちに混じって、自らも和風に礼装する機会があったようだ。

さて、筆子が華族女学校でフランス語を教えるようになり、鹿鳴館にも顔を出していた一八八六年の六月、長女幸子が生まれた。半年後の一二月、母と娘はそろって立教女学校のチャペルでウィリアムズ司教から洗礼を受けている。筆子と同じく華族女学校で英語を教えていた津田梅子が、娘の教母として立ち会っていた。

こんな筆子のことを、フランス艦隊に所属して、日本を訪れていたデンマーク人の若き海軍中尉ヘンリ・コーノウ（Henri Konow・一八六二～一九三九）が、自身の旅行記『I Asiens Farvande（アジアの海域にて）』（一八九三年）において書き留めている。一八八八年、伊東義五郎中尉という人がフランス女性と東京で挙式したのだが、そのときの披露パーティーで優雅に踊っていた麗しい日本女性のことを、筆子とは知らずに瑞々しい筆致で表現しているのだ。

ちなみに、この旅行記は、デンマーク人青年将校の眼で見た明治中期の日本の姿であり、鹿児島から函館まで、表日本も裏日本もひっくるめて全国にまたがる庶民の暮らしぶりが描かれている。(1) 従来の類書には見られないするどい観察力を多々感じることができるだけでなく、滞在を楽しむ心のゆとりもうかがえ、ユーモアにあふれたものとなっている。そうでなかったら、筆子の姿が描写されることはなかったであろう。

さらに、明治政府のお雇い医師であったベルツ(2)も、一八八九年三月に外務卿青木周蔵(一八四四〜一九一四)の所で催された舞踏会で筆子に出会い、賞賛の言葉を日記に書き綴っている。

——小鹿島夫人は優雅で立派な体格の持ち主、英・仏・オランダ語を流暢に話し、袴をドレスの一部に取り入れるというような大胆なことをする人だ。

前列中央に華族女学校の校長下田歌子。その右が石井筆子と津田梅子(写真提供:滝乃川学園石井亮一・筆子記念館)

このように、しばしば引用される有名な一節がある。

当時の筆子は、自信と闘志に満ちていた。一八八八年に設立された大日本婦人教育会(3)にかかわり、男女同権を唱えるマニフェストまで起草している。なかでも、次の言葉が有名である。

「女性は男性のために存在しているのではなく、また男性も女性のために存在しているのではない。もしも女性が男性のために存在しているのなら、男性もまた女性のために存在していることになる」

一八八九年二月に行われた会合には、アメリカの女性教育者であるアリス・ベーコン（Alice Mabel Bacon・一八五八～一九一八）が招かれて講演をしているが、その通訳は筆子が行ってい

（1）長島要一「コーノウ大尉の見た敦賀」〈県民福井〉二〇〇五年六月二〇日、二七日所収・長島要一「コーノウ大尉の奈良訪問」〈月刊奈良〉二〇〇六年六月号所収・長島要一「コーノウ大尉の見た明治の函館」〈北海道新聞〉二〇〇六年八月二九日所収を参照。

（2）（Erwin von Bälz・一八四九～一九一三）ドイツの医師で、明治時代に日本に招かれたお雇い外国人の一人。二九年間にわたって日本に滞在し、医学界の発展に尽くした。『ベルツの日記（上下）』（トク・ベルツ編、菅沼龍太郎訳、岩波文庫、一九七九年）がある。

（3）一八八七年に設立された東京婦人教育談話会が、翌年一月に大日本婦人教育会と改称した。その発会式で筆子は演説している。同年一二月に〈大日本婦人教育会雑誌〉が創刊されるが、それに筆子はしばしば寄稿していた。

る。折しも、明治憲法が二月一一日に公布された直後のことであった。

慌ただしく展開されていた日本の欧米化の波のなかで、筆子はヨーロッパ滞在中も帰国後の日本でも、たえず西洋の理念や価値観と向き合い、また生身の西洋人と直接対峙するという機会をたくさんもっていた。さらに、キリスト教を通じて具体的な西洋体験と知識を抽象化する機会を得ることができた筆子は、結婚生活と娘の出産を経験したのちに婦人教育と女性の人権問題に取り組み、その真の意味を自覚するようになっていった。

そんな筆子の熱い眼差しは、女性だけではなく、社会で弱い立場に置かれていた人々全体に向けられていくようにもなった。

国際人として、そして社会運動家として順風満帆な筆子であったが、私生活では次々と不幸に見舞われている。まず、一八九〇年に生まれた次女恵子を産後間もなく亡くしている。日本で初めての議会が招集された年である。そして、その翌年に三女康子をもうけたが、やはり身体の弱い子どもであった。それに追い討ちをかけるように、一八九二年には夫が結核で倒れてしまった。筆子は学校を休んで看護にあたったが、その甲斐もなく同年六月、夫の果《はたす》は三五歳の若さで亡くなった。筆子がまだ三一歳のときである。

こうした不幸に背を(4)向けるように、筆子は一八九三年の三月に華族女学校に復帰した。そして翌年には、静修女学校に校長として迎えられている。

筆子の任務は、閉鎖寸前になっていたこの学校を建て直すことにあった。一般的な普通の科目以外にも、身だしなみや振る舞いについても生徒に教え、孤児たちに援助の手を差し伸べるなどといった社会奉仕も授業に取り入れたことで生徒の数を増やしていった。

また、同じ一八九四年に筆子は華族女学校の附属幼稚園の主事も任され、同時に二つの課題を抱えて多忙を極めることになった。そのため、静修女学校に立教女学校の教頭を務めていた石井亮一（一八六七〜一九三七）を雇い入れ、教育学と心理学を担当してもらうことにした。筆子がのちに再婚することになる人物である。

石井亮一は、「聖三一弧女学院」(5)という組織を一八九一年一二月に立ち上げていた。その年一〇月の濃尾地震による被害のために多くの子どもが孤児となって取り残されていたわけだが、そのなかでも、とくに少

(4)　東京麹町にあった女学校で、筆子が一八九三年から一九〇二年まで校長を務め、同年津田梅子がその校舎を購入して女子英学塾（のちの津田塾大学）の分校とした。

結婚当時の筆子（写真提供：滝乃川学園石井亮一・筆子記念館）

女たちが身の危険にさらされていた。聖三一弧女学院は、そうした少女たちを救うための施設であった。そして、翌一八九二年に東京郊外の滝野川に移転している。

一八九三年、チフスが日本を席巻し、不幸にも石井亮一も感染した。そして一八九四年八月、日清戦争が勃発した。翌年の五月に講和条約が調印され、三国干渉で荒れる日本を訪れたヨハンネ・ミュンターと筆子は東京で運命的な出会いをしている。二人は親密な話をする仲となり、お互いに不幸だった結婚生活を語りあって同情しあい、女性の社会的地位向上について激論を交わしていたのである。

(5) 創立当初は、東京市下谷区西黒門町（現・台東区上野一丁目）の荻野吟子（近代日本最初の国家公認女医）宅に開設されていた。一八九七年、知的障害児の教育に特化し、滝乃川学園となる。

静修女学校の卒業式（明治20年代）最後列中央が石井筆子（写真提供：滝乃川学園石井亮一・筆子記念館）

第4章 ヨハンネ・ミュンターの日本滞在

『日本の思い出』

デンマーク女性ヨハンネ・ミュンターは、大日本帝国海軍に最新鋭の艦船を納入し、日露戦争における日本海海戦（一九〇五年五月）での勝利に大きく功績のあったイギリス「アームストロング社」の代理人バルタサー・ミュンター（Balthasar Münter・一八三七〜一九三二）の妻であり、八人もの子どもをほぼ一人で養育、教育した人である。日清戦争直後に来日して一〇か月ほどの滞在であったが、その間に充実かつ密度の濃い体験をし、日本での生活を満喫した。

そして、日本滞在から一〇年が経過した日露戦争終結直後の一九〇五年に、彼女は回想記『Minder fra Japan（日本の思い出）』（以下『日本の思い出』。「プロローグ」参照）をコペンハーゲンで発行した。本書の冒頭でも述べたように、この本はデンマークでも稀覯本になっており、デンマーク語という壁もあったためにこれまで紹介されることがなかったが、筆者が夫バルタサーについて書いた『明治の外国武器商人』では、その存在について言及している。

イザベラ・バードの『日本奥地紀行』（高梨健吉訳、平凡社、二〇〇〇年）、ダヌタン夫人の『ベルギー公使夫人の明治日記』（長岡祥三訳、中央公論社、一九九二年）、フレーザー夫人の『英国公使夫人の見た明治日本』（横山俊夫訳、淡交社、一九八八年）、クララ・ホイットニーの『クラ

ヨハンネの回想記『日本の思い出』(1905年)の目次(筆者による概略付)

1　日本到着——横浜から築地のメトロポール・ホテルへ（増上寺・浅草・勧工場）
2　高台の家——虎ノ門大倉敷地に建てられた豪邸「大和屋敷」と使用人たち
3　東京での交遊——西洋婦人、大山夫人と小鹿島夫人
4　華族女学校での授賞式——旧女子学習院の前身の女学生たち
5　煎茶が出た茶会——刺身とビフテキの夕食
6　親密の時——筆子との運命的な出会い
7　日本の学校——息子アレクサンダーが通った暁星学園の国際性
8　日光の夏——静かな自然（中禅寺・湯元の温泉・憾満ヶ淵・クリスチャンの日本青年・日光の寺・神橋）
9　幕間——クーデンホーフ青山光子の印象
10　日本の劇場にて——歌舞伎座で九代目市川団十郎の『暫』初演の舞台
11　鎌倉への遠足——ブラキストン夫人とともに（大仏）
12　宮ノ下から熱海へ——富士屋ホテル・駕篭に揺られて熱海まで・蜜柑の木
13　皇居のお庭での観菊会——敗戦国中国公使の不遜な態度
14　司令官の死——北白川宮の葬礼・正妻の立場
15　女中ハナ——横浜からテオ夫人に連れられてサイゴンへ
16　日本との別れ——富士山・神戸・瀬戸内海・長崎・下層民の男女同権・上海へ・ロシア皇帝ニコライ二世の戴冠式に出席するロシア公使ヒトロヴォと伏見宮殿下・長男テオドーとの再会・同上戴冠式に出席する李鴻章・朝焼けの国にさようなら

ラの明治日記（上・下）』（一又民子訳、講談社、ともに一九七六年）、アリス・ベーコンの『華族女学校教師の見た明治日本の内側』（久野明子訳、中央公論、一九九四年）など、外国人女性たちが著した日本に関する書物もそれぞれ非常に興味深いものだが、ヨハンネの場合は、さらに日常生活の細部にわたって眼が光らされており、使用人やコックたちとの交渉までが記録されていて非常にユニークなものとなっている。

回想記といっても、『日本の思い出』の場合はラフカディオ・ハーン（Patrick Lafcadio Hearn・小泉八雲・一八五〇〜一九〇四）の影響を受けた部分があり、記録に脚色を加えたり話法に工夫を凝らしたりしている章があって、その点でも異色なものと言える。また、当時活躍していた有名人がたびたび登場するため、それなりの配慮を行っていたと思われる。

『日本の思い出』のなかで特筆に値するのは、何といっても「渡辺」、「小鹿島」、「石井」と三度にわたって苗字が変わった筆子との交流記録である。筆子との出会いがなかったら、ヨハンネの帰国後の活躍はおそらくなかったであろうと思われるほど、二人の出会いは決定的なものであった。また、明治の国際人・石井筆子の知られていなかった側面がこの本では語られており、これについても貴重な記録と言える。

日本との出会い

先にも述べたように、ヨハンネ・ミュンターの来日は、武器商人バルタサー・ミュンターに付き添ってくることで実現したものでしかない。ここでは、まずバルタサーとヨハンネについて紹介をし、ヨハンネの日本滞在の概略を素描しておくことにする。

バルタサーは、デンマーク人でありながらイギリスの武器製造会社アームストロング社の代理人として、一八八七年から一八九八年まで日本に滞在した。日本の近代化の先鋒になっていた帝国海軍増強の陰の立役者で、日清・日露の両戦争を勝ち抜いた海軍に、当時においては最先端技術を満載した戦艦や速射砲などを提供していた。

いっさい表面に出ることはなく、その功績にもかかわらず勲章さえ辞退していたと思われるほど徹底して無名な存在で通したバルタサーは、外交官顔負けの手際のよさ、勤勉さと我慢強さ、技術専門の元海軍士官らしいシニカルな判断力を備えており、武器商人の最高位である「死の商人」の称号にふさわしい資質をもっていた。(1) 明治政府の上層部（海軍、陸軍）での信任も厚く、在日イギリス公使アーネスト・サトウとも頻繁に連絡をとっていた人物である。

もともと由緒ある家系のミュンター家に生まれたバルタサーは、海軍を出世の道に選んだ。技術面でも学芸面でもずば抜けた才能に恵まれていたバルタサーは、王室に近かったこともあって周囲から妬まれる存在となった。出る杭は打たれるというたとえを文字どおり体験し、事実上海軍を追われる形で民間の造船所長などを歴任したのちに、持ち前の語学力と外交的手腕、そしてヨーロッパ中の王室にネットワークをもっていた点が見込まれて武器商人に転身した。

一八八七年、アジアに向けて出発したバルタサーはすでに五〇歳になっていた。妻と八人の子どもをデンマークに残しての単身赴任であった。そして、日清戦争勃発を知っていたかのように、その直前となる一八九四年六月に日本を離れてデンマークに一時帰国し、戦争が終結した直後の一八九五年五月に再び日本を訪れている。このときに、妻のヨハンネと娘のマルナ（一八六九〜一九三五）、末っ子の息子アレクサンダー（一八八二〜一九一六）を連れてきている。

バルタサー・ミュンター（個人蔵）

日本にはほとんど資料が残されていないため、バルタサーの日本での活躍ぶりについては、彼自身の『Nogle Erindringer（回想記）』（一九一五年。以下『回想記』）をもとにして著した拙著『明治の外国武器商人――帝国海軍を増強したミュンター』でしか知ることができない。

ヨハンネたちと過ごした東京での日々の生活についてはこの『回想記』のなかにも記されているのだが、それはあくまでもバルタサーの目から見た描写でしかなく、仕事で忙しかったバルタサーと常に行動をともにしていたわけではなかったヨハンネが見た日本と日本人のことは、当然のことながらうかがい知ることはできない。それに加えて、夫婦関係が良好ではなかったという側面もあった。

それが理由なのか、ヨハンネが日本滞在中に一番興味をもって観察していたのは、日本女性の社会的地位とその生き方であった。帰国後、九年が経ってから出版したヨハンネの回想記『日本の思い出』も、そこに焦点をあわせたものであった。ヨハンネは、ラフカディオ・ハーンの著作などをデンマークで紹介することで日本と日本人にかかわり、自らの人生の転機になった日本滞在と筆子との出会いを『日本の思い出』で語っていたのだ。

（1）（Sir Ernest Mason Satow・一八四三～一九二九）イギリスの外交官。イギリス公使館の通訳、駐日公使、駐清公使を務め、イギリスにおける日本学の基礎を築いた。日本名は佐藤愛之助（または薩道愛之助）。日本滞在は一八六二年から一八八三年と、駐日公使としての一八九五年から一九〇〇年まで。

さて、そのヨハンネは、バルト海に浮かぶデンマークの小島ボルムホルム（Bornholm）で生まれ、結婚前の姓はジョンソンである。一八六五年の四月、二一歳のときにコペンハーゲンでバルタサーと結婚し、合計一一人の子どもを産んでいるが、そのうちの三人は産後間もなく、もしくは幼児のときに亡くしている。幼子と死に別れる苦しみを、筆子と同じく味わっていたことになる。

単身で日本に赴任し、家を留守にすること七年でバルタサーが日清戦争のはじまる前に帰国してきた一八九四年、すでに成人して外国で仕事をしていた二人の息子を除く家族全員で休暇をとった。そして翌年の四月、終戦を待ち受けていたかのようにバルタサーはアームストロング社との契約を更新し、まだ事業半ばであった日本に舞い戻ることになった。日本とロシアの間で戦争がはじまるのは時間の問題という時期ゆえ、大日本帝国海軍に最新鋭の艦船を納入するという仕事にいち早く取り組む必要があったのだ。

前述したように、このとき妻のヨハンネと娘のマルナ、息子のアレクサンダーを同行している。マルナはすでに一八九〇年から一八九二年まで、寂しがる父親を訪ねて日本滞在を経験していたのでこのときが二度目の来日となる。

ミュンター一家はリヴァプールから大西洋を越えてニューヨークに行き、そこからバッファロー経由でトロントへ向かい、カナダを横断して西海岸のバンクーバーに着いている。そこからはカナディアン・パシフィックの船で太平洋を渡り、一八九五年五月、横浜に到着した。日本に着いた一家は、とりあえず築地にあったホテルに投宿している。

そのころの日本は、三国干渉のあおりで国中が揺れていた。戦勝で得たにもかかわらず、旅順《りょじゅん》の港がある遼東半島ならびに威海衛《いかいえい》の要塞を清国に返還するよう、独露仏の三国が要求していたのである。

そんななか、バルタサーに課せられた任務は、海戦に参加した艦船が帰港するたびに、アームストロング社の速射砲を搭載した日本の戦艦が戦闘中にどのように機能したかについて詳しい情報を集めることであった。連日、バルタサーは多忙を極めていたと思われる。

夏、暑さから逃れるため、一家はバルタサ

1895年、日本渡航中の船上で。左から、マルナ、アレクサンダー、ヨハンネ、バルタサー（個人蔵）

日光にて。左から、マルナ、アレクサンダー、ヨハンネ（個人蔵）

ーが借りた日光の別荘で避暑生活を送っていた。ところが、その夏にかぎり、終戦直後だったこともあって官庁はフル回転で仕事をしており、海軍省のみならず陸軍省までもがバルタサーに質問を浴びせかけてきた。陸軍省は、旧式の青銅製ではなく鋼鉄製の新しい野砲や臼砲類の導入を検討していたのである。ビジネス優先のバルタサーは仕方なく日光を離れ、蒸し暑い東京でひと夏を過ごすことを余儀なくされた。

一方、海軍省のほうも、世界に冠たる最新鋭の艦隊を構築すべく全力で計画を進めていた。この計画は、もともとバルタサーが仕掛け、一歩一歩成果を上げてきた分野である。できるだけ多くの戦艦と巡洋艦の発注をアームストロング社で取り付けること、それが目標であった。

バルタサーが暑い東京で仕事に没頭している間、ヨハンネ、マルナ、アレクサンダーの三人は、あたかも東京中の外国人家族が引っ越してきたように思えた涼しい日光の別荘地で各国人と交流を図っていた。そのなかには、ロシア公使ミハイル・ヒトロヴォ（Михаил Алекса́ндрович Хитрово́・生没年不詳）や、ボヘミヤ人のハインリッヒ・クーデンホーフ＝カレルギー伯爵（Heinrich Coudenhove-Kalergi・一八五九〜一九〇六）[2]などがいた。

クーデンホーフ＝カレルギーは青山光子と結婚したばかりで、いろいろと噂の立っていた人物であったが、バルタサーもヨハンネも、それぞれにこの不幸だと思われていた女性について回想記で書いている。それについては、後述することにする。

九月、東京に戻った一家は新築された和風の豪邸に住むことになった。ヨーロッパの基準から言えば住み心地がよかったとは思えないものであったが、東京でも指折り数えられるほどの一等地にあった。

素晴らしい樹木の茂る庭があったその高台の家は、旧川越藩主松平大和守の屋敷のあった所で、当時は世界的な貿易会社「ジャルダン・マセソン社」の日本代理人を務め[3]、バルタサーの大事な商売仲間だった大倉喜八郎の所有になっていた。昔の住所でいうと葵町三番地、現在は虎ノ門二丁目のこの土地には「ホテルオークラ」が立っており、すぐ近くにはアメリカ大使館もあるという超高級地である。

高台に立てられていた新築家屋は二階建てで部屋数も多く、母屋のほかにも使用人たちとその家

ホテルオークラとなっているあたりにヨハンネは住んでいた

族のためのいくつかあった。それ以外にも、車屋から馬車一台を、馬はもとより厩務員（別当）と餌つきで借り受け、子どもたちにも乗馬用の馬をそろえている。

アレクサンダーは暁星学園にしばらくの間通学することになったのだが、毎日、馬で通っていたという。とはいえ、実際は乗って走るのではなく、別当が引く馬の上にまたがっていただけであった（七六ページ参照）。

短い日本滞在の間にヨハンネが一番親しくなったのが、一八六一年以来函館で活躍していたトーマス・ブラキストン大尉[4]の未亡人アンヌマリー（Annemarie）と、男爵渡辺清の娘であった小鹿島筆子夫人である。

アンヌマリーは、ヨハンネにとっては日本滞在中の案内役であり情報提供者であったが、彼女が日本を見る視点はあくまでアメリカ人のものでしかなかった。一方の筆子は、ヨーロッパ留学

（2）Mitsuko Coudenhove-Kalergi・一八七四～一九四一）日本人でただ一人、オーストリア皇帝フランツ・ヨーゼフ一世と会話した人物。

（3）（一八三七～一九二八）中堅財閥である大倉財閥の設立者。渋沢栄一らとともに鹿鳴館、帝国ホテル、帝国劇場などを設立。東京経済大学の前身、大倉商業学校の創設者でもある。

（4）（Thomas Wright Blakiston・一八三二～一八九一）イギリスの軍人・貿易商・探検家・博物学者。幕末から明治期にかけて日本に滞在し、津軽海峡における動物学的分布境界線（ブラキストン線）の存在を指摘した。

の経験があったうえに、当時は華族女学校（のちの女子学習院）でフランス語を教えていた。また、女子教育と婦人教育に熱心だったこともあり、日本女性の社会的地位やその生き方に関心を抱いていたヨハンネとは親しい関係になった。この二人の関係と、ヨハンネが日本で何を観察してきたかについては、のちに詳しく説明したい。

バルタサーとヨハンネは、東京に住む外国人たちの社交界で、招き招かれつの交流を頻繁に行っていた。なかでも、バルタサーとは仕事の面でも直接関係のあったイギリス公使アーネスト・サトウとの親交は特筆に価する（四一ページの注参照）。

サトウは優れた外交官であり、日本とイギリスの関係のうえで多大なる貢献をした人物である。イギリス公使館の長という立場から、公私にわたってバルタサーを援助していたわけだが、その見返りに、海軍省にほぼ日参していたバルタサーが何らかの情報を提供していたという可能性も大いにありえる。二人はそれほど近しく、密接な関係にあったのだ。

ヨハンネは、一八九六年の春に帰国する一か月前に、小鹿島夫人とサトウ公使を夕食に招いている。この二人だけが招かれたということ自体、日本滞在中のヨハンネにとって二人がどれだけ大事な役割を果たしていたかを物語っているわけだが、このときヨハンネは、食後にベートーヴェンのピアノソナタを披露している。『月光』のほかに『ヴァルトシュタイン』や『テンペスト』、『熱情』、『告別』などの一部を演奏したことが『アーネスト・サトウ公使日記』に記されている。

その同じ日記には、サトウが三月三日にヨハンネを訪ねていったことも書かれている。別れの挨拶であったのだろう。

素人とはいえ熟練したピアニストであったヨハンネは、これらが縁となって、クーデンホーフや筆子も含めて、日本滞在中にいろいろな人たちと親しくなっていった。式部官だった三宮義胤《さんのみやよしたね》男爵(5)とそのイギリス人の妻、そしてジャーディン・マセソン商会のワルター夫妻も虎ノ門のミュンター家をたびたび訪れている。

バルタサーとヨハンネの長男であるテオドー（一八六〇〜一九〇二）は中国の税関に勤めていたのだが、たまたま二年間の休暇をとることになった。その好機を利用し、ヨハンネは久しく会っていない息子と上海で落ち合い、アレクサンダーを連れて帰国することにした。デンマークに残してきた息子たちのことが、ヨハンネは心配になってきたのであろう。

短い日本滞在ではあったが、快適で有意義な日々であったと思われる(6)。日本では新しい知人・友人ができ、日本の歴史と文化についてもチェンバレン教授などから教えを受けることができた。このような経験が後日役に立つようになり、ラフカディオ・ハーンを紹介する著述に結晶してい

(5)（一八四四〜一九〇五）幕末の尊王攘夷派活動家で、明治期の外務官僚・宮内官僚。幕末期には「三上兵部」と名乗っていた。

くのである。

一八九六年三月の初め、ヨハンネとアレクサンダーは横浜港から海路上海に向かった。上海でテオドーが乗船し、親子三人で帰路に就いている。一方、夫のバルタサーは娘のマルナとともに東京に残り、さらに二年間を過ごすことになった。

(6)（Basil Hall Chamberlain・一八五〇〜一九三五）東京帝国大学文学部名誉教師。アーネスト・サトウやウィリアム・ジョージ・アストンとともに、一九世紀後半から二〇世紀初頭にかけてのもっとも有名な日本研究家の一人。一二三ページでも、少し詳しく再掲した。

明治30年頃の横浜港の大桟橋全景（横浜開港資料館所蔵）

第5章

ヨハンネの回想記『日本の思い出』から

『日本の思い出』の背景

日露戦争後、デンマークでは日本に対する関心が一段と高まっていった。小さいながらも強い国という点で、共通する意識をデンマーク人はもっていたのである。デンマークでは、開戦まもない一九〇四年二月に、この戦争の動向を日々伝えるためだけに夕刊紙が発行されたくらい国民の間では日本熱が充満していた。そしてそれは、一九〇五年五月末の日本海海戦における帝国海軍の勝利で沸騰点に達し、八月のポーツマスでの講和会議、九月の講和条約調印と、東洋の強国に関する話題に事欠くことがなかった。

このような時流に乗って、一一月、ヨハンネ・ミュンターの回想記『日本の思い出』が刊行されたわけである。日本の勝利がなければ、発行されることがなかったかもしれない。

ヨハンネが「序文」において書き表していることだが、『日本の思い出』は一〇年前の「日本滞在を追体験する」ものであると同時に、それまでに書いていた日本に関するエッセイ三編を再録したものである。一六篇からなるこの回想記は、「そのほとんどすべてが自分の目で見、自らの肌で体験したこと」であると自負している。それがゆえに、この回想記の信憑性が高まり、貴重な記録となっている（三七ページの表を参照）。

語られているエピソードの多くが、デンマークでも日本でも、それまで知られていなかった側面を照射していて興味がつきない。その一方で、当時はまだ実在していた著名人に関する記述に関しては、それなりに「描写に手を加える」といった気配りをしている。しかし、そうすることで記述中の「真実」が損なわれたとは思わない、とヨハンネは言っている。

ヨハンネの回想記は、それまでにデンマークで発行されてきた日本旅行記とは一線を画すものとなった。それはまず、デンマーク女性によって初めて書かれた日本についての本ということである。さらに、通常の旅行記に見られるような日程とかルートとかいったことにはこだわっておらず、ほぼ時系列に並べられてはいるが、どのエピソードにも日付が付けられていない。

エピソードの選択も極めて個人的なもので、時代背景とか日本の当時の状況を概観するような記述は一切なく、文字どおり「遠い時空を離れてなおかつ記憶に強く刻まれている」ものだけを取り上げている。つまり、この回想記はテーマが絞られており、西欧女性の見た日本、とくに日本女性、それも少女から女学生、家庭の主婦から老婆までの生活ぶりを選んで描写している。

日本滞在から回想記が書かれるまでに一〇年の時が経過している。その間にヨハンネは、のちに触れるようにラフカディオ・ハーンに関する本を三冊上梓している。そして一九〇五年になり、日露戦争に勝利した国に対する興味が最高潮に達したデンマークで、今こそ自らの日本体験を物語るときが到来したと判断したのであろう。

以下では、『日本の思い出』からいくつかのエピソードを紹介し、どのような環境でヨハンネが暮らしていたのか、また日本のどのような側面に注意を払って観察していたかを見ていくことにしたい。それらはもちろん、筆子との出会いの背景を知っておくためである。

日本の第一印象

『日本の思い出』の第1章は、冒頭にふさわしく、世界一周旅行のことやアメリカ、太平洋、横浜、東京、築地と、ズームインをするようにゆっくりと日本を紹介している。横浜港から駅まで人力車に乗るようすすめられたヨハンネは、人間を馬代わりにして引く車などには決して乗るまいという決心をして徒歩で行くのだが、車夫たちのがっかりした顔を見るにつけ胸が痛み、気の毒な気がしていた。

明治前期の横浜駅（横浜開港資料館所蔵）

日本の芸術品や工芸品をきれいに陳列しているイギリス人や日本人が経営している店の前を通りすぎ、噂に聞いていた美しい七宝焼や象牙の像、屏風や豪華な絹織物なども見ている。また、険しい崖の上に立って振り向くと、そこからは目を疑うような素晴らしい眺望が湾を前にして開け、別の方角には富士山が見渡せたと書いている。そして駅では、小柄な日本女性たちがホームのアスファルトをカタカタと小刻みな音を立てて走っていく様子を描写し、たくさんの履物が立てる音が耳をつんざくようであった、と書いている。

これが日本到着第一日目の、ヨハンネの第一印象であった。

東京の鉄道駅「新橋」に着くと、横浜と同じ靴の音がした。そこからは、さすがに人力車に乗らざるを得なくなり、風を切る早さで築地にある「メトロポール・ホテル」へ向かっている。そこは、東京湾に打ち注ぐ波が運び上げた砂の上にできた所であった。このホテルは、「横浜クラブホテル」の支店として一八八九年に開店し、中央区明石町にあった。ここには現在、「東京新阪急ホテル築地」が立っている。

東京ではまず、周囲をお堀に囲まれた皇居を見に行っている。しかし、ヨハンネが気に入ったのは芝の増上寺で、そこには何度も訪れている。美しく着飾った僧侶の読経を耳にして、仏教への興味をかき立てられたようである。ヨハンネは帰国後、仏教をさらに学んでデンマークで自分なりの紹介を行うようになったのだが、その萌芽がここにあったわけである。

一般的な旅行者は瞬時の印象を「旅行記」に書き留めるのだが、ヨハンネは一〇か月という短期間ながら滞在者という立場であったため、たびたび同じ場所を訪れる機会に恵まれている。そのため、一般の旅行者とは違った目で、受けた印象を回想記に書いている。しかし、次のような記述も見られる。

「上野寛永寺の桜が美しい景色を見せてくれています」

ヨハンネは三月初めに日本を去っているので、この記述は読んだ話か聞いた話であって、自ら観察をして書いたものではないと考えられる。

浅草寺では、人混みのなかで、「とくに庶民の女性が観音様に祈りを捧げている様子が印象的でした」と書いている。そして、寺の外にめずらしい輪蔵を見つけ、それが生から死、新生からまた死へと続く、人の命の絶え

明治中期の銀座４丁目（横浜開港資料館所蔵）

まない輪廻の象徴になっていることを知った。

ヨハンネは、明治維新のときにたくさんの美しい仏教寺院が失われてしまったことを残念に思っていた。「新政府の頂点には太陽の女神、天照大神の末裔である天皇が君臨しており、神道とともにあった古い日本を甦らせようという目的で素晴らしい仏教寺院が数多く焼かれて破壊されました」と嘆いている。

ヨハンネの目には、神社は非常に簡素にできていて、魅力に乏しいものと映ったようだ。「藁葺きで、中には何もなく、仏教寺院に特徴的な外観美をことごとく欠いています。それゆえ、外国人が『どちらが好きか』と問われたら、当然、『仏教寺院』と答えるでしょう」とヨハンネは書いている。

浅草寺のすぐ脇にある仲見世も、ヨハンネは気に入ったようだ。大きな地球儀のような球に乗り、化粧をして飾りをつけた少女がバランスを保っていたり、ブランコ

明治中期の上野公園（横浜開港資料館所蔵）

にぶら下がったり、信じられないほどしなやかな手際で演じる手品師がいた。そんななか、ヨハンネがもっとも強い印象を受けたのは浅草の蝋人形館であった。時局柄だろうが、日清戦争の凄惨な場面が生々しく再現されており、それを目の当たりにして震撼したわけである。

「えぐられた傷口から血が流れているかと思えば、半分頭を割られた男たちが倒れかけています。ズタズタにされた身体から、血を滴らせた刀が抜き取られているものもありました。どの顔にも、憎しみと憤りと苦しみが、これまで見たこともないような表情で描きとられていました」

ヨハンネは、回想記を執筆しながらそんな様子を思い浮かべていたのだろう。日露戦争直後にあって、これからこの蝋人形館ではどのような血みどろの場面が

明治中期の浅草。右の塔は凌雲閣（横浜開港資料館所蔵）

新たに現出されるのだろうかと、背筋が寒くなるような思いで綴っている。

「新しい題材がたくさんあるでしょう。それらが、みんな使われるのだろうと思います。きっと、髪が逆立つ思いをさせられるのではないでしょうか。そんな蝋人形館を、戦争に対する雄弁な証言者として、丸ごと［オランダの］ハーグへ送ったらどうでしょうか」

このように追記し、反戦に対する声を高めようと考えていた。

ところが、当時急速に性能が進化していた兵器類のほとんどは、夫バルタサーが大日本帝国陸海軍に売りつけていたものであった。『日本の思い出』のなかでは、夫が「武器商人」であったことにはひと言も触れられていない。バルタサー自身、その事実を公表したのは一九一五年に刊行された『回想記』においてである。ヨハンネが夫への配慮でそうしたのか、それとも夫を無視していたために記述をしなかったのか、疑問が残るところである。


日本を訪れた外国人の旅行記では、買い物の話となると通常、「こんないいものが手に入った」というような自慢話が多いのだが、その点でもヨハンネの回想記は異色なものであった。大きな市場、勧工場《かんこうば》（百貨店の前身）を見に行き、陶器、竹編み細工、木工品などといった日本工芸をたっぷり堪能し、みんな買いたいと思うのだが、そうするわけにもいかず、結局選んだ本棚を膝の上に乗せて人力車で帰ったことを書き留めている。

「車引きが気の毒だから人力車など乗らない、などと偉そうなことを言っていた私も、ここまでだらしなくなっていました。私の身体一つだけでなく、重い買い物まで引かせていたのですから」

こんな言葉の端々に、ヨハンネの性格が浮き出ているように思える。このあと、銀座に行って絹織物の店も訪ねているが、何かを買ったというような記述はない。

東京には大きな洋風の建物がいくつもあり、ホテルやクラブ、郵便局や銀行などとして利用されていた。「昔の大名屋敷も、今は政府の建物として使われていました」と書いているのは、ヨハンネが住んでいた家が、大名屋敷跡に新築されたものであったからだ。

［参勤交代で］嫌々江戸に住まわされていた大名たちは、まさか屋敷が将来こんなふうに使われようなどとは夢にも思っていなかったことでしょう。けれども、これから家を持とうという私たちには、もっぱら「高台の家」——「大和屋敷」が興味の対象になっていて、たびたびそこまで出掛けては職人たちの仕事ぶりを見ていました。

馬屋が建てられ、庭が造られて木が植えられ、家の中では壁紙が貼られて色が塗られ、床には日本の畳が敷かれます。イ草をきれいに編んでつくった畳は、冬の間は［上に絨毯が敷かれるので］床敷きでしかありませんが、夏になるとその美しい色と文様をあらわにします。

もうすぐ「高台の家」に引っ越しできそうです。

ヨハンネの期待ぶりが伝わってくる文章である。虎ノ門に新築される家を、ヨハンネは回想記で「高台の家」と表現しているが、そこはまた「ヤマト・ヤシキ」とも呼ばれていた。

前述したように、現在はホテルオークラが立っている所だが、かつては旧川越藩主松平大和守の屋敷があった所である。

ヨハンネ一家が新築の「高台の家」に移り住んだのは、暑い夏を日光で過ごしたあと、再び東京に戻ってきた九月のことである。『日本の思い出』は、時間軸を無視して、次章でこの家とその住人たちを描写している。

虎ノ門の屋敷で。左から、アレクサンダー、マルナ、ヨハンネ（個人蔵）

高台の家

「運命のいたずらから、私は世界各地で主婦をすることになりました。まずスコットランド、それからイギリス、そのあとがデンマーク、一五年間スウェーデンにいたあとでまたデンマーク、そして日本です。その間に、家庭の主婦が味わっている困難の数々を比較して、あれこれと言えるだけの十分な材料を集めることができました。けれども正直な話、日本ほど簡単で快適な場所はどこにもありませんでした」

このような言葉ではじまる「高台の家」という章は、「主婦」ヨハンネの視点から明治期の富裕な外国人邸宅の内情が記述されており、異彩を放っている。とくに、使用人たちとの交流をこれほど親身に書き残した記録は貴重なものだと言える。

回想記の「序文」によれば、この章に書かれている文章は〈Husmoderens Blad（主婦の雑誌）〉に掲載されたものの再録であった。ちなみに、夫バルタサーの『回想記』には、虎ノ門のミュンター家は大所帯で、合計二五名が住んでいたと記されている。

ヨハンネがスコットランドへ行ったのは新婚早々の一八六五年のことで、グラスゴーに住んでいた。そして翌年の春、故郷のボルムホルム島で長男テオドーを出産している。ミュンター夫妻がいつまでイングランドに滞在していたのかはつまびらかにしていないのだが、場所はアームストロング社のあったニューカッスルであろう。

そして、バルタサーがデンマークの海軍士官学校で教師を務めたあと、事実上の左遷でコペンハーゲンの対岸にあったスウェーデンのマルモ市のコックム造船所の所長に就任したのが一八七三年である。そこで所長を一〇年間務め、一八八三年にまずグラスゴーのトムソン造船所の代理人となるが、ヨハンネがスウェーデンに一五年いたと記しているのを見ると、その間、家族はマルモに住み続けていた可能性があるが、正確なことは不明である。

時は過ぎ、一八八六年、バルタサーはアームストロング社の代理人として中国ならびに日本を訪れ、成功を収めて虎ノ門に立派な家を新築できるほど豊かになった。その間、ヨハンネはコペンハーゲンに残って家庭を守っていたわけである。

筆者の研究過程で、この「高台の家」が大倉喜八郎の助力によって建てられたものであるということまでは判明していたのだが、その正確な住所が分かったのは、実はデンマーク人S・V・ハンセンの旅行記に遭遇したからである。

ヨハンネが帰国した翌年の一八九七年の夏、バルタサーと娘マルナの二人が住んでいた「高台の家」にデンマークから客人があった。ブアマイスター&ヴァイン社が製造した砕氷船「ナデージュヌイ号（Nadezhnyi）」をウラジオストックまで回航したあと、三人のデンマーク人海軍士官が長崎に着いた。いずれもバルタサーが海軍時代に知り合った同僚の息子たちで、帰国前に日本を見物することになっていた。そのなかの一人が二等航海士のハンセンで、『S・V・ハンセンの見た世界——一八九七年』という表題の原稿を残しており、それがようやく一九九四年になって刊行されたのである。

三人の若い海軍士官は、長崎から瀬戸内海を抜け、神戸経由で海路横浜に到着した。六月末のことである。汽車で新橋に向かい、人力車に乗り換えたハンセンは、呪文のように「アカサカ、アオイチョウ、サン［赤坂、葵町、三］」と唱えていた。これがまさにミュンター家の番地で、現在の虎ノ門二丁目である。

若い士官たちは、増上寺の向こうに青い東京湾の広がる素晴らしい景色を家のベランダから堪能し、マルナに厚遇されて「高台の家」に二、三日滞在している。東京では、増上寺を訪れたあとに築地にあったヨーロッパ風のクラブへ行き、バルタサーが海軍大臣西郷従道《つぐみち》(1)に三人を紹介している。

次の日、三人は日光へ向かって中禅寺湖を見たあと横浜に戻った。そして、さらに京都まで足を延ばし、嵐山の風光明媚な自然を眺めながら「キリンビールが世界一だ」とほめたたえている。京都では「四条河原のシバヤ［芝居小屋］」をのぞき、祇園にも行っている。そして、京都から横浜に戻った三人は、そこから帰国の途に就いている。

ヨハンネは、「高台の家」が大変気に入っていた。

「まったく、なんて素晴らしい景色だったことでしょう。東京中が足下に広がっていました。銀色の帯のようにチカチカと輝く海を背景にして、樹木に覆われた丘が右に左にいくつか見えました。厳しい冬になっても、つやつやとした濃い色の葉は落ちないままです。家は木造でした。地震のある国では、それ以外には考えられません。それでも、半分が洋風の二階建てになっていました。窓があり、煉瓦造りの煙突があって、どの広間にも暖炉があったので、お客さまに大変喜ばれました」

このように書くヨハンネだが、友人たちには煉瓦造りの煙突がある家は軽率だと非難されている。

「日本の家はみな平屋で、どの壁も動かすことができるから、地震が来たときにすぐに通りに飛び出せる」と言われたようである。また、「家が木造だと、うまく組み合わさっていてバラバラ

---

(1)（一八四三～一九〇二）薩摩藩士。陸軍および海軍軍人、政治家。階級は元帥海軍大将。西郷隆盛の弟。

にはならないのです」とも書いている。その地震について、「日本人の使用人たちは異様な行動をする」とヨハンネは言っている。

「それほど大きな地震ではないので自分たちの［平屋の］家の中に留まっていればいいのに、彼らは私たちの家に飛び込んできて、階段を駆け上がって二階まで私たちを助けに来るのです。

あるとき、四柱式の寝台の周りにカーテンを吊るそうとして梯子に上っていると、ものすごい音がしました。重い乗り物か何かが、木造の家に衝突したのかと最初は思いました。ドーンという音がして、それからトントンと小刻みな音が続きました。すると、女中（日本ではアマと呼ばれていた）が入ってきて、私の腕をつかんで梯子から下ろし、階段を駆け下りて中庭へ飛び出しました。外へ出て、ほかのみんなが立っているのを見るまで、私は何が何だか分かりませんでした」

ヨハンネが初めて味わった地震の第一印象である。

ヨハンネとマルナの二人の世話を焼く女中だけが、ミュンター家の母屋に住み込んでいた。寝室を掃除したり、縫い物をしたり着替えを手伝っていたのだ。小部屋に住んでいた女中について、ヨハンネは次のように書いている。

「床には壁際までゴザが敷かれ、その下に荒い綿が敷き詰めてあります。夜は、布団一枚を敷いて床の上に寝ます。そして、もう一枚の布団で身体を覆い、小さな木製の箱に頭をのせて休むのです。家主からはゴザの敷かれた部屋があてがわれるだけで、ほかの道具類は自分で用意します。ベッドも椅子も使いません。踏み台のようなものを使うことがありますが、それは食卓になります。寝具のほかに、うちのアマ［女中］は裁縫道具一式と、米を焚く鍋とやかんを持っていました。それらすべてが布団に覆われて隅に置かれ、少ししか場所をとりません」

ミュンター家には、アマのほかにコック、ボーイと呼ばれていた給仕、小使い、車引き、別当（厩務員）と呼ばれた御者、それから二頭の馬の世話をするもう一人の別当がいた。コック、ボーイ、小使い、車引きは、それぞれ中庭の裏に小さな家をもっていた。みんな結婚しており、家族もちであった。二人の別当の部屋は、馬屋と同じ屋根の下にあった。

コックの女房は料理の手助けをしていた。その給料はコックの分に含まれていたため、とくに支払われることはなかった。コックの従順なる召使い、ということになるのかもしれない。

実はこの女性、コックにとっては二人目の妻であった。バルタサーと地方によく出掛けていたコックは、ある茶屋で給仕をしていた娘に惚れ込んで、一人目の女房を追い出した。しかし、二人目の妻も、一人目と同じ運命になりそうな気配があったという。亭主が眉をしかめるたびに、妻は震えて泣いていたらしい。

女房に対しては暴君であったコックだが、腕は確かだったようだ。温かい料理が三品のランチと、五品のディナーを毎日用意するぐらいのことは、いとも簡単にこなしていた。その日、食べるのがミュンター家の家族だけだろうと、客があろうと意に介していなかった。出す料理一品ずつに対して金が支払われることになっていたため、時にはトラブルも起こしている。ヨハンネは、次のようなエピソードを紹介している。

「あるとき、息子一人で夕食をとることになりましたが、風邪を引いている息子のためにオート麦のスープを前菜として出すよう、コックに言いつけておきました。ところが、帰ってから息子に『夕食には何が出たの？』と聞くと、『最初にオート麦のスープ、それから肉のスープ』と言うのです。『えっ！　その肉のスープも食べたの？』と聞くと、『だって、コックが目に涙を浮かべて、どうしてもそれも食べてくれって言うから』と答えたのです」

コックはちゃんと月給を受け取っており、それには自分の食費も含まれていた。しかし、実際の収入はそれをはるかに超えたものとなっていた。コックは自らを仲買人と見なしており、品物を卸値で仕入れてヨハンネに小売りしていたのだ。コックはピジン英語(2)ができず、ヨハンネもほんの少ししか日本語が分からなかったが、それなりの意思疎通は行えていたようである。

もう何年も前に日本に来ていたフランス人のコックを、数多くの日本人コックが師匠にしていた。別に直接教えられたというわけではないが、手伝いをしながら師匠の技を見よう見まねで覚えていった。それ以来、メニューの名前はずっとフランス語で伝えられ、ミュンター家の日本人コックもそれをスラスラと発音していた。

コックの扱いに手こずっていたヨハンネは、次のような描写もしている。

「毎日、午前中にコックは二階の私の部屋に上がってきて伝票を見せます。身体にピッタリの白い木綿の服を着ていたコックは、床の暗い色の絨毯の上に、死にかけている剣士を思わせるような、なかなか気障な格好で膝をつきます。そして、周りに並べた伝票に目を落とし、それをいちいち説明するのですが、細かいことが分からない私は信頼をしているふりをするしかありませんでした。それから翌日のランチとディナーの打ち合せをし、コックに仲買の仕事をさせないように、仔牛の肉を買って、ランチにはフリカッセ、ディナーにはカツレツにするように言いつけました。でも、無駄でした。伝票が来てみると、フリカッセはこれ、カツレツはこれと、別々の値段がついていたのです。ほかの手段を取り入れるのも絶望的に思われましたので、あきらめるより仕方がありませんでした」

（2）（pidgin English）英語を話す商人が外国と交易をする際に話す、現地語の特徴が強い英語のこと。言ってみれば、「英語もどき」。

料理人としてのプライドが高かったコックは、ヨハンネを調理場に入れることはなかった。食材などを納入している業者たちが調理場にいるヨハンネを目にしたりしたら、コックが頼りないからだという噂がすぐに立ってしまうというのだ。そこで、ヨハンネがコックに何か新しいことを教えたいときには、ヨハンネ個人の食料貯蔵室に二人で籠もり、そこで伝授した。

「そこには大きな白いテーブルが置かれていたので、作業は十分できました。そこで私は、コックに魚の身の練り方の秘密を伝授しました。何だか種類の分からない魚を適当に選んできて見つけた方法です。それから、パイ生地を使って、さまざまな中身を包んで蓋をして焼くという方法も伝授しました。それらの知識を、うちのコックはいろいろ使ってみせて驚かせてくれました。パイ生地にすり下ろしたショートニング（油脂の加工品）を使うので、それが削ったチーズのように大皿の上で盛り上がります。

日本には牛が数えるほどしかいませんので、バターは缶入りのデンマーク製を取り寄せていましたが、それはテーブル用で、調理場で使うことはありませんでした」

こうしてヨハンネは、少しずつコックの信頼を勝ち取っていった。そして、勝ち誇ったように次のように語っている。

「我が家に招かれてくる客人たちはいろいろで、時によってはさまざまな国の人たちの集まりになることがありました。あるとき私は、世界中からやって来ている人たちに、デンマークの『貧乏人のアップルケーキ』をごちそうしてあげようと思い立ち、うちのコックと一緒に秘密の部屋でこしらえました。優美な毛皮のガウンのようなホイップクリームとジャムに包まれたそのケーキは、センセーションを巻き起こしました。その場に居合わせた天皇陛下の式武官〔三宮義胤《よしたね》〕が、イギリス生まれの奥さん（日本で一番影響力のあった婦人）にささやきました。すると、その夫人は私に、ケーキのつくり方を教えてもらうため、自分のところのチーフコックをこちらに寄越してもよいかと尋ねてきました。

その二日後の午前中、手紙を書いていた私の所へうちのコックがやって来て、平身低頭、やたらに身体を左右に揺すっては深々とお辞儀をしたり、舌先でシューシューと音を立てたりしています。それは日本人が非常に満足しているときに示す仕草なのですが、私は驚いてコックを見ました。そして、何やらコックが言っている言葉のなかに式武官の名前が混じっているのに気が付き、アップルケーキのことを思い出しました。

うちのコックは、ほかでもない有名な料理人であった式武官のコックを前にして、先生として振る舞えたことがこのうえなく名誉なことだったようで、それに対する感謝の意を私の足下で表していたのです。

そしてもう一つ、『マダム・マンゴー風レッドワイン・プディング、クリームソース添え』も大成功を収めています。これで、うちのコックは日本人コックたちの先生になれたわけで、それからというもの、彼の頑固さはどこかへ消え去ってしまい、私の思いどおりになるようになりました」

　腕のいいコックの私生活にも触れながら、ヨハンネはこのコックをいかに懐柔したかを詳しく記述している。熟練主婦ヨハンネの独擅場とも言えるこのあたりの描写、一〇〇年以上が経過している現代においても非常に興味深いものである。

「貧乏人のアップルケーキ」は、今でもデンマークでよくつくられているデザートである。簡単につくれるので、下にそのレシピを紹介しておこう。わざわざケーキ地を

「貧乏人のアップルケーキ」のレシピ（４人分）

マッシュアップル	
リンゴ	750グラム
水	0.5デシリットル
砂糖	175グラム（リンゴの甘さによる）
バニラ	少量
砂糖とバターで炒めたパン粉	
バター	50グラム
パン粉	100グラム
砂糖	50グラム
デコレーション	
クリーム	２デシリットル　（ホイップする）
砂糖	少量
バニラ	少量
アップルゼリー	（ジャムを代用してもよい）

用意せずに手近にある安いパン粉を使うので「貧乏人」の名が冠せられているが、味のほうは、貧しいどころか大変ぜいたくなもので、是非試していただきたい。ちなみに、バニラはなくてもかまわない。

リンゴはよく洗って皮をむき、四つに割って芯と核を取り去る。小さく切って蓋をした鍋で柔らかくなるまで煮て、砂糖とバニラを加える。バターをフライパンで溶かし、パン粉と砂糖を加えて、絶えずかき回しながら焦げないように焼く。クリームを泡立て、少量の砂糖とバニラを加える。冷めたマッシュアップルを下に、その上に炒めたパン粉をガラスのボウルなどに層にして盛りつけ、ホイップクリームとゼリーで飾りつける。冷蔵庫に入れて、冷やしてから盛りつけてもよい。

もう一つの料理「マダム・マンゴー風レッドワイン・プディング、クリームソース添え」は、一八三七年に『Kogebog for smaa Husholdninger（小規模家庭のための料理本）』を発行した伝説的なマダム・マンゴーのレシピである。古い記述のためゼラチンの使い方も今とは違っているが、ワインをボトル三本も使って二〇人分も用意するレシピなので、そのままでは実用的ではない。

基本的には、粉ゼラチンを使う普通のワインゼリーをつくる要領でよいのだが、「マダム・マンゴー風」と呼ばれるのは、赤ワインを使用するのではなく、それにチェリージュース、コニャック、レモン汁が隠し味として加えられるからである。チェリージュースがなければ赤ワインと同種の色で透明なジュース、たとえばブルーベリージュースなどを代わりに使ってもよいが、なくてもかまわない。飲み残しのワインを使ってもよいし、コニャックの分量も適当、砂糖の量も好みで加減できる。

話が脱線してしまった。ヨハンネの回想記を読み進めると、料理の話からおいしいブドウやメロン、オレンジなどの果物、そして牛肉や仔牛の肉の話題に移り、食べ物に関してはどこの国でも保守的な習慣があることが指摘されている。このような料理に関する話が一段落すると、庭の花壇と植木の話になっている。

虎ノ門の屋敷には、ツツジとさまざま種類のシダが植えられていた。ヨハンネは、二月と三月にたくさん花を咲かせるツバキの茂みを自慢していた。

「朝にふっと軽く雪化粧をしていることがありましたが、それで傷つくことはなく、雪を吹き落とすと、いつもと変わらない美しくて汚れのない姿がありました」と記しているが、このあとにはバンクーバーから根を抜かれて東京に移植されたライラックについて、新しい土地に根付くことの難しさを暗示しており、またしても主婦の賢明さが披露されている。

また、家にいた真正の中国のチン［狆］一匹とほかの二匹の犬、さらに一匹のサルについても語られているのだが、この部分のヨハンネの記述は群を抜いて新鮮なものとなっている。つまり、男性によって書かれた従来の旅行記では見られない記述が並んでいるのである。何度も繰り返すが、ヨハンネはあくまでも主婦の視点から観察を行っており、その視線には、人生経験を積んだ主婦にふさわしい自信と温かみがある。

ある秋の晩、ヨハンネは銀座の縁日に行き、松明《たいまつ》の揺れる明かりに照らしだされた菊の花を目にして、その比べようもなく美しい菊花の奇跡の前に立ちつくしてしまった。花そのものだけではなく、「星月夜」とか「天の暁」、「新雪」や「夕日の影」など、いろいろと表現豊かな名前が付けられていて、そのどれもが人々に詩的センスのあることを示していた。

人混みに押しつ押されつされながらヨハンネは、日本の民衆の笑い声を耳にして、その「心の底から沸き上がってくる生きる喜び」に気付かされる。そして、慎ましい生き方をしていながらも食べる心配のない人々を目にして、「その質素さこそが日本人に人生の喜びを与えている」と書いている。

「ほかの国では決して味わうことのできない」こうした資質をヨハンネはほめ讃えているのであるが、この洞察力はこの夜に銀座で獲得したものではなく、デンマークに帰国後、日本と日本文化をさらに学んで得たものと考えたほうがよい。回想記『日本の思い出』は、日本と日本人の暮らしを体験してから一〇年後に書かれたものであることを、いま一度想起しておくべきである。

息子の学校

ヨハンネの息子アレクサンダーは、この高台の家からフランス人神父が開講した学校、のちの暁星《ぎょうせい》学園（3）まで馬に乗って通っていた。この学校の評判はよく、ハーフの子どもたちを含めて、一七か国から来た少年たちが在学していた。ハーフと言っても、みな父親がヨーロッパ人で母親が日本人といった血筋で、その逆はごく稀なものであった。

校舎は洋風の二階建てで、椅子や机はヨーロッパの学校にあるものと同じであった。フランス人の神父は教育熱心で、生徒たちに日本の歴史を教えるためにその一覧を謄写版に刷って配っていたのだが、ヨハンネはそれを読むのを楽しみにしていた。

アレクサンダーは夏休みまでの二か月ほどしか学校には行っていないが、ヨハンネは、息子が受けたコスモポリタンの

現在の暁星中学校・高等学校

国際的な教育を大変有意義なものだと思っていた。

回想記の全体を通じて、娘マルナと夫のバルタサーについては、その存在がほんのかすかにほのめかされるだけで名前はどこにも挙げられていない。一方、末息子のアレクサンダーについては、この学校の記述のようにほかの二人より多くのことが語られている。

日光へ

七月半ば過ぎ、ヨハンネは東京の暑い夏から逃れて日光へ移った。旅行者としてではなく、長期に滞在する避暑客として、いわゆる名所も自己本位の価値基準で見て回る一人の主婦として訪れている。

ほかの旅行者たちは、日光随一の名所東照宮を見て感嘆し、それを書き留めることで日光を「見た」とするのだが、その種の記述は回想記のなかにはうかがえない。輪王寺も東照宮も訪れてはいるのだが、その名さえ記されていないのだ。また、同行した家族のことについてもひと言

(3)　フランスのカトリック修道会宣教師によって一八八八年に開設された神学校が一八九〇年に現在地の東京千代田区富士見に移転し、旧制暁星小学校が設立された。一八九九年には旧制中学校も設立され、戦後、新制になってからも中高一貫の男子校で、フランス語教育を行っている。

も触れておらず、語られているのは二匹の犬のことだけであった。

夫のバルタサーが借りてくれた別荘は二階建ての、純日本式の家であった。幅の広い縁側がついていて、そこを「少々高すぎたのですが、家の周りにぐるりと並べられたソファとして使うことができました」とヨハンネは回想記に書いている。

ひと夏を過ごすことになった別荘を描写するにあたってヨハンネは、ほかの旅行者であれば得意げに、襖《ふすま》、障子、縁側、雨戸、庇《ひさし》、引き戸などといったように家屋の部分の名前を日本語で示すところを、そうはせずに、もっぱらその機能を描写するに留めている。

日光でヨハンネが魅了されたのは、何と言ってもその自然であった。障子は明かりを取り入れるだけではなく、夜の静寂に響く滝の音も通す。その紙の窓に、大きな昆虫が衝突して突き抜けてきた。ヨハンネはそれを不快に感じるどころか、いささか困惑しながらも、自然の懐にいる自分自身を楽しんでいた。

また、毎朝手水《ちょうず》に使う桶には、樋《とい》を伝って流れてくる山の水と一緒に草の茎やシダの葉などが運ばれてくる。それを見たヨハンネは、茎や葉が長い道中に見てきたであろう景色、耳にしたであろう音などに想いを馳せて、改めて自然とともにある自らを確かめ、日本の田舎で自然を満喫していた。

自然の細部に五感を集中させるという繊細な感覚は日本人特有なものと言われてきたが、ヨハンネにも風流人としての資質が備わっていた。夜の縁側で籐の椅子に座り、滝の音に耳を傾けながら月を眺め、星を見上げる。すると池のコイがスーッと動いて水を切り、ポチャンと水音を立てて尾を翻す――これはもう俳諧の世界である。

このような記述を読むと、ヨハンネは、日本の自然の中で何を観察し、何に耳をそばだてるべきかをすでに知っていたように思われる。やはりこの本は、旅行中の印象をそのままとめた旅行記ではなく、一〇年という年月を経て書かれた回想記と言える。その間に、ラフカディオ・ハーンの著作を翻訳し、仏教を紹介し、日本の歴史を学び、日本人のものの見方や感じ方、自然の受け止め方を理解したうえで書かれた回想記であった。

純和風の家であるため浴槽も日本式だったわけだが、入り方は西洋風であった。毎朝七時、英語を話すボーイがやって来てお風呂の仕度が整ったことを告げると、ヨハンネは「派手な模様の着物［浴衣］を着てスリッパを履き、パタパタと音を立てながら幅の広い裏の階段を下りて一階にある女性用の浴室に」行っている。そこには、斜めになった床の上に丸い浴槽があった。

日本では一家全員が同じ湯に入るわけだが、ヨハンネたちは一人ずつきれいなお湯に入ることを好んでいたため、入る人が変わるたびにボーイが熱いお湯を丸い湯船に注ぎ込んでいた。浴室の裏の戸は急な崖に面しており、そこを流れ落ちる滝から水が引かれ、竹の樋《とい》を通して風呂桶に落とされる。隣り合わせになっていた男女別の浴室にそれぞれ二つずつあった風呂桶に、そうして水を供給していたのである。原始的で簡便な装置だったとはいえ、ボーイが一人ずつの好みの温度に調整していたことを思うと、大変なぜいたくだったと言える。

ヨハンネは、日光から中禅寺湖を経て湯元へ行き、帰りは男体山を巡るという一泊二日の遠出をしている。大谷川沿いの上り道を行く途中で、川に背を向け、長い列をつくって並んでいる化《ばけ》地蔵《じぞう》を目にして、ヨハンネはカトリック神父の被り物であるミトラ（宝冠）に似たものを被っているいると思ったようだ。

つづれ折れの急な坂道を重い荷を背負って上っていくのは、荷馬だけでなく、遠出に同行していたボーイも同じである。

「[ボーイは] 自分で工夫してイグサを固く編んでつくった把手つきの籠に、瓶を何本か入れて運びます。昼食用の籠には、お皿、ナイフ、フォーク、スプーン、グラスと、きっちり閉じてある容器の中に家で詰めてきたマヨネーズ、ハム、チキンなどのごちそうが入っています」

それ以外にも、布巾《ふきん》に包まれたパンを片手に持っていた。同情するヨハンネが心配したのは、中禅寺湖で昼食をとったとき、あまりにもみんなの食欲が盛んであったためボーイの食べる分が残るかどうかということであった。こんなエピソードまでを回想記に書き残しているところが、ヨハンネの記述の貴重なところと言える。

湯元で、ヨハンネは次のように言っている。

「これなら宿屋と名乗ってよさそうだと思われる茶屋の一軒に着きました。家具のない三つの部屋に案内され、生まれて初めて、畳の上に敷かれる純粋に日本式の寝具を経験することになりました」

幸いなことに、枕だけは西洋式であった。

「日本の女性が、サラサラと輝き、きれいに結い上げた髪の型を崩さないために使っている、中をくり抜いた木製の枕に首をのせることは免れました」

ちなみにこの枕、西洋人には拷問道具だと言われて恐れられていた。

温泉の描写では、自らの裸体を隠すこともなく、ひとかけらの羞恥心なども見せない日本人が珍しい異様な外国人たちにすっかり見とれてしまい、見られるほうは文字どおり穴のあくほど眺められたと書いている。ヨハンネたちは目のやり場に困り、極めて決まりの悪い思いをさせられたわけだが、これこそ二つの文化が真正面からごく自然に衝突した好例と言える。ひと言も発せられない場面で、「見る者」の一方的な視線だけが語られるのではなく、「見られる側」が「見返して」いる様が凄まじい。また、それを素直に書き留めているヨハンネの自然さが新鮮である。

外国人の客が多かった温泉宿では、欧米人の食べられないものは出さないというほど食事に関しては配慮されていたが、風呂だけは別であった。木の枝を編んで造った柵があるだけで「洋風」

と呼ばれていた湯船の周りは、好奇心の固まりとなった日本人の若者に囲まれてしまう。ヨハンネは、自らの肌の白さが見たいのだろうと推測しているが、どうもそれだけではなかった。

当時五一歳だったヨハンネは「西洋女性」の代表と見なされていたわけで、肌の白さはもちろんのこと、日本の女性と比べてどこが違うのかを知りたいという、もっと原初的かつ動物的な好奇心が働いていたのだろう。柵の木の枝につかまっていた若者たちが降り注いでいた視線について、ヨハンネは次のように綴っている。

「湯元の若者たちは、ヨーロッパ人の女性が風呂に入るところだと分かると私の後をつけてきて、その数は増えるばかりでした。柵のどの木にも手がかけられ、どのすき間からも、何組もの目がさまざまな高さで私をのぞいていました。そこの大きな部屋［脱衣所］には着物を掛けておくための長いタオル掛けしかなく、椅子も机も置かれていません。私はタオル掛けを浴槽まで引きずっていって、それに大きなレインコートを広げて掛け、その陰で服を脱ぎました。そして湯船に入ろうとしたのですが、『アーッ！』お湯が熱かったのです。それに、たえず同じ熱さで入れ替わっています。でも、湯元の硫黄泉をどうしても試してみなくてはなりません。ゆっくりゆっくりと身体を沈めていくのですが、時間がかかってもかまいません。レインコートのほうに目をやると、追跡者たちはその場を離れることもなく、あきれるほどの忍耐強さでまだ立っていました。日本の女性は、顔や首筋、両手は毎日塗っている化粧液［白粉か］のおかげで白くて［紅をつけるので」赤いのですが、身体は茶色です。ですから、日本の若者はヨーロッパ人の白い身体を見る機会を逃すまいとしていたのでしょう」

ヨハンネにとって、これは決して不愉快な思い出ではなく、硫黄泉が美容によいという評判を実感することができたと喜んでいる。

帰路は、中禅寺湖経由ではなく男体山の麓を回る道を選んでいる。案内人を先頭に立て、雨天のなか、丈の高い竹藪を左右にかき分けながらの強行軍となった。

続いてヨハンネは、友人たちとよく散歩に出掛けていって午後のお茶を楽しんだ「レディースプール（婦人の池）」について書いている。何故「レディースプール」と言っているのかは分からないが、記述から察して、これは憾満《かんまん》ヶ淵《がふち》（含満ヶ淵とも）だと思われる。

明治期に撮られた日光憾満ヶ淵の百地蔵（長崎大学付属図書館所蔵）

ひょっとしたら、当時は一〇〇体もあった化地蔵にかかっている赤い前掛けが女性を連想させたのかもしれない。そして、その近くにあった寺に、「悪霊を祓う超自然的な特殊能力を僧に養わせる場所」があると書いているが、その寺とは慈雲寺のことであろう。天台宗の寺だが、一九〇二年九月二九日の台風の際に洪水で一度流失し、一九七三年に復元されている。

悪霊祓いに触れてヨハンネは、チェンバレン教授の『日本事物誌』のなかに掲載されているベルツ博士の書いた論文に言及しているが、その狐憑きについての論文は、ヨハンネ自身が一九〇一年に著した『菊』のなかで詳しく紹介している。

レディースプールの近くで出会った修行僧は滝の水に打たれてきたあとで、裸であったようだが、それを見てヨハンネの友人であるアメリカ婦人たちは笑い転げている。従来の日本関連の記述はほぼこのレベルに留まっているのだが、ヨハンネはそれに対比させる形で、背負った籠に入っている炭を売るために「長い列をつくって山道を下りてくる紺色の服を着た小柄な日本女性たち」が裸の修行僧に示す尊敬に満ちた態度を描写している。

ヨハンネの共感がどちらの側にあったかは明らかで、叙述の方法といい、背景の選び方といい、すでに確実にラフカディオ・ハーンの拓いた道をヨハンネが歩んでいたことが分かる。

また、家にネズミがいると言って大騒ぎをし、砒素まで使って駆除しようとしていたアメリカ婦人たちとは対照的にヨハンネは、自らもネズミには閉口していたのだが、「あなたたち人間がいなくなればネズミもいなくなる」と言った大家の絶妙な答えにつくづく感心している。
「足尾峠までよく午前の散歩をした」とヨハンネは書いているのだが、日光から足尾までは川沿いの山道を行っても片道二〇キロメートルもある。往復で四〇キロメートルというのは、ちょっと散歩に行ける距離ではない。ヨハンネがよく行ったのは、足尾銅山に向かう道の途中にあった細尾峠であろうと思われる。ここまでは片道約一〇キロメートル、これでも散歩にしては長い距離ではあるが……。

ある日、橋を渡ろうとしていたときに荷馬車に乗せてもらい、とある村に着いてみると、そこには少し英語の話せる青年がいた。宣教師の学校で勉強していたというその青年はキリスト教徒だと言い、ヨハンネは英語で会話をはじめたのだが、いつの間にかヨハンネは村の住人に取り囲まれてしまい、とっさにその場を離れている。独りぼっちのヨハンネは、突然言いようのない恐怖心に襲われたのであろう。

その反応は理解できる。同様の反応を示したのは、何もヨハンネが最初ではない。数多くの見知らぬ他人、それも言葉の通じない他人に囲まれたとき、人は身を守ろうとして退却を選ぶものである。けれども、それから一〇年が経ち、回想記執筆までの間に新島襄（一八四三～一八九〇）が行った日本での説教と同志社学校についていろいろと読んだヨハンネは、その青年と出会えた好機を生かすことができなかったと後悔している。

ちなみに、新島襄の英語版の自伝『Life and Letters of Joseph Hardy Neesima』は、一八九一年にボストンで発行されている。そして、同志社英学校は一八七五年に京都で開校された。

日光の記述の最後に神橋が登場するが、ヨハンネは実際に体験した場面を次のように回想している。

「日光には有名な赤い漆の橋があり、深い川底の上に高々と架かっています。貴人しか渡れません。ある日、ほかの婦人たちと一緒に私は道端の高台に立って、お付きを従えた皇女様たちが橋を渡るのを見ようとしていました。けれども、日本の習慣からすると、そうして皇族を見下ろすのは大変不躾なことだと言われ、道まで下りていかなければなりませんでした。しかし、そこからは何も見えませんでした」

明治期に撮られた神橋（長崎大学付属図書館所蔵）

青山光子のエピソード

中禅寺湖から流れる水は、滝から滝へと落下しつつ東進し、近くの山々から流れてきた別の川と合流する。水量を増した川はさらに東に進み、次第に川幅を広げながら水深も深くなっていく。やがて日光の川床へと近づくわけだが、このあたりの川の様子をヨハンネは次のように書いている。

「そこは、両側から迫っている崖の間に挟まれています。崖に激しくぶち当たって跳ね返され、泡の波になった水はさらに一方の壁から別の壁へと投げ出されているのですが、その間にも新しい水が勢いよく押し寄せてきて煮え立つお湯のようになっています」

そのちょうど上のあたりは平らな地面が突き出ていて、そこに日本家屋が一軒立っていた。ヨハンネは、日光の

大谷川に稲荷川が流れ込む（長崎大学付属図書館所蔵）

そんな場所を舞台にした「幕間」という一章を回想記に加えている。これは〈婦人雑誌〉というデンマークの雑誌に掲載されたもので、脚色されたノンフィクションとでも言えばいいのか、悲恋小説のような文章であった。婦人雑誌にふさわしい語り口で、読者層が喜びそうな話を紡ぎだしているわけだが、これは大谷川の急流に沿って立っていた別荘で過ごしていた実在の人物のことである。

回想記では、ハンガリー人の男性フランツ・ヘルプストフェルト伯爵と結婚していた「ミズ」と呼ばれる日本女性となっているが、これは知る人ぞ知る、オーストリア・ハンガリー帝国公使館に勤めていたボヘミア人のクーデンホーフ伯爵と日本女性の青山光子のことである。幼い男の子が二人いるこの夫婦は、日本では事実上結婚をしていたのだが、夫の祖国では結婚が認められていなかったため「疑似」結婚生活を続けていた。

ヨハンネの「幕間」には、その名前は「湧く泉」のことだというミズに、ドイツ語とフランス語、そして西洋の礼儀作法と社交術を教えるベアトラン夫人と、ワーグナーのオペラに夢中になっている伯爵が歌のレッスンをするときにピアノの伴奏を務めるその夫が登場する。この二人のモデルが誰かは分からないのだが、給仕として描かれているアルメニア人のほうは執事のバビクであると思われる。

「幕間」は、このベアトラン夫妻が伯爵をうまく操り、ミズをいびっていじめて隠謀を企み、絶望のどん底に落としたあげくに激流に飛び込ませてしまうという悲恋物語に仕立てられている。

国際結婚をして話題になっていたクーデンホーフ伯爵と青山光子とは、ヨハンネだけではなく夫のバルタサーも親交があり、一八九五年には日光で実際に会っている。その体験に基づいてヨハンネは、国際結婚で苦労する「かわいそうな日本女性」というイメージを極端に拡大して「幕間」を書いたものと思われる。ここでもヨハンネは、語り口、題材の選び方、そして構成もすべてラフカディオ・ハーンの影響のもとに「日本の話」を「創作」したのかもしれない。

青山光子が「かわいそうな日本女性」と偏見の目で見られていたことについては、夫バルタサーが著した『回想記』の中のクーデンホーフ夫妻に触れている箇所でも知ることができる。

――クーデンホーフ家が非常に敬虔なカトリックであったため、光子と東京で結婚するにあたり、まず光子をカトリックに改心させたうえでカトリック教会において結婚式を挙げている。ボヘミアに連れて帰るにあたっては、ひとまずイェルサレムに赴いてからローマへ行き、バチカンで法王の祝福を受けたあとにようやくボヘミアの一族の城に入った。夫はその数年後に亡くなり、残された七人の子どもたちを、「このかわいそうな無知の未亡人」は育て上げた。後年、ウィーンで光子に会ったことがあるが、光子は自分がまだ若く幸せであった日々を覚えていてくれた人に会えたと言ってとても喜んでいた。クーデンホーフは非常に音楽に造詣が深く、周囲にいつも音楽愛好者を集めていたが、ヨハンネもその一人だった。

要約したわけだが、以上のような内容をバルタサーは書き留めている。

ここで気になるのは、ボヘミアで立派に子どもたちを育て上げた光子を「かわいそうな無知の未亡人」と呼んでいることである。外国語をうまく話せなかったから「無知」なのか、それとも現存する類書には記されていない、人に「かわいそう」と思わせるような出来事や境遇があったのであろうか。

ひょっとしたら、「幕間」にヨハンネが記していた光子の印象に「かわいそう」な面があり、その先入観がのちのちまで尾を引いていたのかもしれないし、ヨハンネなどに光子が切実な告白をしているところを、バルタサーが耳にしたのかもしれない。

ヨーロッパで通用する外交官夫人になろうと必死に努力していた光子の立場はただえさえつらいものなのに、事あるごとに意地悪をされ、そんな境遇を夫が理解してくれず、川に身を投げて死んでしまいたい、といったような告白があったのかもしれない。

青山光子は一八七四年七月一六日に東京・牛込で生まれた。一七歳だった一八九二年の春、当時三二歳のハインリッヒ・クーデンホーフ（一八五九〜一九〇六）に出会ったのだが、その出会いは、ハインリッヒが落馬したときにたまたま光子が居合わせたというものである。

光子に介抱されたハインリッヒは、たちまち恋に落ちてしまった。東京・一ノ橋の骨董商の娘だった光子は、やがてオーストリア公使館で働くようになる。ヨハンネが滞日していた年の一八九五年に、二人は築地の教会で結婚式を挙げたが、そのときすでに二人の息子がいた。ハンス（一八九三年九月一五日生まれ）とリヒャルト（一八九四年一一月一六日生まれ）で、日本の名前で「光太郎」と「栄次郎」といった。二人とも、日本の戸籍には「私生子　男」と記されている。

クーデンホーフの一家は、一八九六年一月二八日、つまりヨハンネが帰国する前にボヘミアに向かって出発している。それに先立つ元旦に、光子はベルギー公使夫人エリアノーラ・メアリー・ダヌタンの紹介で皇后陛下に謁見している。そして一月一三日には、式部長官の三宮邸で催された晩餐会（小松宮両殿下や大山侯爵夫妻らも出席）の席上、ダヌタン夫人は再びクーデンホーフ伯爵と光子に会っており、そのときの光子の印象を『ベルギー公使夫人の明治日記』で次のように語っている。

「彼女は小柄だが実にすばらしい婦人で、極めて落ち着いた態度を見せ、しかも謙虚でもの静かであった。既にある程度英語とドイツ語を話すことができて、日本人特有の怜悧さと魅力と順応性がその話し振りに表れていた」（一〇二～一〇三ページ）

光子は、クーデンホーフ伯爵夫人として、外交官を招いて開かれた晩餐会でもきちんとその役割を果たせるようになっていたのだ。しかし、ボヘミアのロンスペルク城での生活は光子にとって厳しかったようである。周囲の貴族たちからは冷淡にあしらわれていた。光子はそれに耐え、さらに五人の子どもをもうけている。女の子三人と男の子二人である。

そして、突然、不幸に襲われた。一九〇六年五月、夫のハインリッヒが四七歳の若さで亡くなってしまったのだ。当時三一歳の光子は、未亡人の伯爵夫人として、上はまだ一二歳、下はやっと二歳になったばかりの子どもたち七人をかかえて暮らすことになった。遺産を相続した光子は、自らも学びつつ、第一次世界大戦の席巻するヨーロッパで子どもたちを育て上げた。ちなみに次男のリヒャルトは、一九二三年に「汎ヨーロッパ」を主張し、欧州共同体構想の基礎を築いた人物である。

光子は次第にヨーロッパ社会で認められて尊敬されるようになり、「ミツコ」という名前の香水まで発売されるに至ったが、ナチスがソ連を攻撃しはじめた直後の一九四一年八月、六七歳でこの世を去っている。

やはり「幕間」は、ヨハンネが日光で出会った光子の一家を観察した印象をもとに、そのつらそうな境遇をヒントにして、「かわいそうな日本女性」のイメージを誇張して表現したものであると思われる。

九代目団十郎の『暫《しばらく》』

日本を訪れた外国人がみな憧れていたように、ヨハンネも歌舞伎はぜひ一度観てみたいと思っていた。そして、運よくそれは実現し、桟敷席から見物することになった。花道のことや枡席、黒子や廻り舞台のことはすでに何度も語られて、西洋でも徐々に知られていたわけだが、ヨハンネはうれしそうにその説明を繰り返している。

ヨハンネには二人のアメリカ婦人が同行していたが、劇の内容を説明してもらうために日本人の通訳もついていた。あいにくと遅れて劇場に到着したので、通訳の計らいで、次の幕間まで舞台裏をのぞいて時間を潰すことになった。運よくそこで、隈取りを塗る最中だった団十郎にめぐり会い、自筆の名刺までもらっている。ヨハンネが有頂天になったのは言うまでもないが、このとき（一八九五年一一月）

浅草寺の境内にある九代目団十郎の銅像

の興行は九代目団十郎の伝説的な『暫』が演目となっていたので無理からぬことである。

団十郎が四代目か五代目だとか、父から子へ名前が世襲されるといったようにヨハンネは不正確なことも書いているが、それ以上に面白いのが、『暫』の主人公が源頼朝だと思い込んでいたことである。鎌倉権五郎景政の「鎌倉」に迷わされての誤解か、もしくは通訳の説明が不十分だったための思い違いであったと思われる。

ヨハンネは演目を挙げていないのだが、ごく簡単な記述から、それが豪快に様式化されて世評の高かった『暫』だったことが分かる。そのときの団十郎の演じ方が、今でも踏襲されているのは周知のとおりである。

花道から出てきた景政が長い刀を抜いて、奴《やっこ》たちの首をなぎ倒す様をヨハンネは観て、あまりの生々しさに度肝を抜かれている。その「凄さ」の秘訣と仕掛けについて通訳に説明してもらおうと思ったのだが、夢中になっていた通訳は振り向きもしなかったようだ。おまけに、劇場外の通りで馬と馬車を見ているはずだった別当までが桟敷席に忍び込んできていた。

この年の秋の歌舞伎座で演じられた『暫』は、それほどまでに迫真の舞台で評判がよかったのだが、それはヨハンネの文章が十分に証明していると言える。

『暫』を観たあと、ヨハンネは婦人たちと一緒に帝国ホテルへ行き、興奮冷めやらぬまま観劇してきた舞台について語り合っている。それにしても惜しまれるのは、もう少し素養のある通訳が付いていたら、ヨハンネたちの歌舞伎の印象がさらに強く深いものになったであろう、ということである。

ヨハンネはこの日、『暫』のほかに二作の小品を観賞している。その一つは、夫への忠節をテーマにしたお涙ちょうだいの雪の場面、もう一つが、いちゃつきと焼きもちを扱った滑稽な悲喜劇の舞台であった。その粗筋をヨハンネはかなり詳しく説明しているのだが、演目のタイトルは記していない。『歌舞伎座百年史』（永山武臣ほか、松竹株式会社、一九九三年）によると、その年の『暫』は一一月一二日から一二月の九日まで上演され、毎日の演し物は、まず河竹黙阿弥の原作『茶臼山凱歌陣立』を福地桜痴が改修した『大坂陣諸家記《おおさかじんしょけのかき》録《とめ》』、次に『暫』、そして最後に近松半二と近松加作の『伊賀越道中双六』であった。

ヨハンネの記述から、『大坂陣諸家記録』は観ておらず、『暫』のほかに『伊賀越道中双六』の第七場「藤川駅新関《ふじかわじゅくしんせき》の場」と第八場「岡崎の場」を観劇したことが分かる。第七場は通

明治24年の歌舞伎座（写真提供：中央区立京橋図書館）

称「遠目鏡」と呼ばれ、血なまぐさい復讐劇の中にはめ込まれた滑稽な場面で、第八場は、これも雪に覆われた背景で演じられる、ヨハンネによればお涙ちょうだいの「岡崎の場」であった。

ヨハンネは回想記のなかで演し物の順序を変え、その日の出来事を劇的に再構成している。目で見た分かったことと、通訳が説明してくれたことだけが頼りの理解であったため、舞台を充分に鑑賞するまでには至っていないが、それはともかくとして、現代でも語り草になっている九代目の『暫』を観劇できたことはヨハンネにとっては実に幸運なことであった。おまけに、当人に直接会って名刺までもらっているのだ。当時の歌舞伎ファンが聞いたら、感嘆する前に怒りの表情を見せたかもしれない。

行楽の秋と観菊会

鎌倉は、東京と横浜に在住している外国人にとっては、一度は訪れたい必見の名所であった。ヨハンネはある日、隣人で親友のブラキストン夫人と一緒に鎌倉の大仏を見に行っている。

「ブラキストン夫人によれば、この仏像は見るたびに美しく思われ、じっくりと時間をかけて観察さえすれば、そこから放たれている至高の静謐《せいひつ》に完全に心を奪われてしまうそうです」

このように予備知識を頭に入れ、親友同士でもあることで、ヨハンネは楽しい一日になるだろうと期待をしていた。

鶴岡八幡宮を見たあとに大仏の見物をした。その崇高さは親友の言っていた通りであったが、浅草寺でもびっくりさせられたのと同じような道化と信仰の混淆《こんこう》がここにもあった。よほど気になったらしく、ヨハンネは次のように書いている。

「仏の御心は、大仏の中の階段をよじ上る好奇心に満ちた人たちによって邪魔されていました。なかには大仏の鼻にまで上る人がいましたが、仏の頭［ママ］が小さな売店になっていて、大仏の写真をはじめいろいろなお土産を買うことができたからです。人はみなそこでおしゃべりをし、下駄《げた》の音をさせながら階段を上り下りしています。それがどれほど仏の瞑想をさまたげているか、誰も考えていないようです。

そこを去る前に、もう一度振り返って仏像の姿を目に焼き付けました。やはり本当でした。その顔が、不愉快そうに悲しそうな表情で曇っているではありませんか。

明治期に撮られた鎌倉大仏（長崎付属図書館所蔵）

帰りの車中で私たちは、体の内部を売店にされ、うるさく音を立てて走り回っていることにじっと耐えている仏像のことを思っていました。仏像はそれにもかかわらず、思考を集中して深い瞑想に浸り、鎌倉の砂浜から日本のために祈りを捧げているのです」

ヨハンネは、夫バルタサーがたびたび訪れていた箱根の温泉地「宮ノ下」へも行っている。日本人なら温泉が目当てとなるだろうが、ヨハンネは温泉に入りに行ったのではなく、「山々に囲まれ、地が盛り上がるばかりに草木の繁茂している美しい土地を見に来ただけ」であった。

箱根では、一年を通じてたくさんの外国人、とくに横浜在住の外国人を受け入れていた、大きくて欧風の「富士屋ホテル」に投宿している。次の日、ホテルからしばらく歩いて、峠まで行っている。

明治期に撮られた富士屋ホテル（長崎大学付属図書館所蔵）

「峠を越えるときは――その峠からは視界が一面に広がり、九つの郡が見渡せるということでしたが――竹の筒をぎっしり並べただけのおかしな駕篭に腰を下ろしていました」

昔ながらの、駕篭かきの男たちが前後に分かれて都合四人で担いでいた。うしろからは、いつでも交代できるようにほかの四人がついてくる。西洋人が書いた旅行記では、ほとんど全員がこの不自由な交通手段に悲鳴を上げているのだが、ヨハンネは平気だったようで、回想記には楽しんでいたように思われる記述がある。

「駕篭に乗っていると鳥になったような気がします。どちらを見回しても、視界を遮るものが何もないからです。その高い位置から九つの郡を見下ろすのは、何とも素晴らしい気分でした」

やがて下り坂になり、ゆっくりと下がっている斜面の彼方には太平洋が広がっている。山の上では自然が荒れて不毛な

明治期の街道を行く駕籠（長崎大学付属図書館所蔵）

感じがしたが、下のほうでは再び植物が目に入ってきた。茶色で裸だった土も、ここでは豊かな繁茂に覆われている。やがて熱海の近くに着き、そこで見た光景にヨハンネは感動している。「太平洋は青く雄大でした。人は本当に第一印象に縛られてしまうものです。私は熱海を、青々とした草木にさんさんと陽が射し、紺碧の水しぶきを上げる海に面した町として、いつまでも覚えていたいと思います」

回想記にはめずらしく、「一月だというのに陽が照って暑い日でした」と、それが一月の暖かい日だったことが書き留められている。熱海でヨハンネは、美しい自然に目を洗われるような貴重な体験をしたわけである。こうした好印象が強く目に焼き付けられたからこそ、日本滞在から一〇年経っても、ヨハンネはまざまざとその光景を思い出して執筆することができたのであろう。

熱海から海岸に沿っての帰路の途中、ヨハンネはたわわに実るミカンに圧倒された。そして、いみじくも教訓じみたことを言い出し、「規律正しい日本では、ミカンを盗んだりするいたずら小僧などはいない」などと書いている。しかし、どこにでも大量にミカンがある地域なので、わざわざ盗む必要などはなかったのではないかと思われる。大げさな日本賞賛には気を付ける必要がありそうだ。

紹介する順序が逆になってしまったが、箱根行きの前年の一一月一八日、ヨハンネは赤坂離宮で開かれた観菊会の招待状を手に入れ、友人知人たちとともに出掛けている。

「お庭はむしろ、芝生あり小川ありの公園と呼んだほうがよく、小振りの針葉樹がそこここにあって、茂みになった高台へは小径がくねくねと上っていました。とても広い所で、展示の場所へ着くまでかなりの時間がかかりました。そこには大勢お客さんが見えていて、日本の有名な方々も来ていました。上流階級に属する日本婦人にも会いましたが、そこへは洋装で来なければならなかったので、その数はかぎられたものでした」

こんな描写のあとには、鑑賞しに来た菊の花がすべて鉢植えで、棚や机に乗っていたことに驚き、花の名前が詩的かつロマンチックで、ありとあらゆる色、形、趣の異なる菊があり、その豪華さや色彩の豊富さは夢にさえ見ることができないほどだった、と書き連ねている。

毎年秋に開かれる観菊会は、外国人が招かれることもあってヨハンネが書き綴る以前に何度も描写されてきた。しかしこの年、一八九五年には、ほかの年にはなかったエピソード、それも私見では他に記述されていないエピソードが紹介されている。

「菊の宴には、通常天皇自らが出席し、まだ天皇にお目見えする栄誉を得ていない外国公使たちが謁見される場にもなっていました。その日、その光栄に預かる公使の一人が、最近日本に着任したばかりの中国公使でした。一八九五年、中国が惨めな結果に終わった戦争に講和で終止符を打った年のことです」

日清戦争直後に着任した中国公使が、観菊会で天皇に謁見しているのだ。公使のお目見えがどんなふうになるかは、まさにその日、招かれた客人たちが固唾《かたず》をのんで待っていた一瞬でもあった。

「それは極めて興味深く、そのときに中国人の見せた態度を私は決して忘れることはありません。中国皇帝と祖国を代表して天皇の前に立った公使は、両腕を組み、ふんぞり返るように頭をそらして蔑むような視線を浴びせながらも、まるで這うがごとく低くお辞儀をしたのです。それはほんの瞬間の出来事でした。たまたま最前列にいた私は、その芝居を間近で観察していたのです」

この中国公使は裕庚《ゆうこう》（?～一九〇五）という名前で、一八九五年九月二六日から一八九八年九月一九日まで東京に在職していた。いかにも自尊心の強い中国公使の、尊大でありながら次の瞬間には卑下してみせる巧みな変身ぶりや演技の様子が、ヨハンネの筆によって巧みにとらえられており、興味深いところである。

サイゴンに連れていかれた女中ハナ

回想記には、かわいそうな女性青山光子をモデルにした「幕間」の話と同じ手法で、同じく「かわいそうな日本女性」、女中ハナの話が書かれている。

横浜のある家で住み込みの女中として働いていたハナは、家事も子守りもきちんとこなし、その家族にもかわいがられていた評判のいい娘であった。ある日、ハナの友達の一人が、「横浜の劇場で数か月間にわたって公演したテオ・ウォルフという女優が、フランス軍の基地があるサイゴン［現・ホーチミン］へ行って二、三年滞在することになったので、できれば日本の女中を連れていきたいと言っている」という話をし、ハナに行くつもりはないか、と尋ねた。子守りの仕事に飽きはじめていたハナはその話に乗り気になり、テオ・ウォルフ夫人に会うことにした。

夫人は優しそうで素敵な人であった。ハナに向かって微笑みながら、サイゴンではかわいらしくていい暮らしができるからと約束し、一週間に一度は劇場に来てもいい、とまで言ってくれた。夫人の母親も加わって、結局三年間の契約がその場でまとまり、ハナは署名をした。そして数日後、テオ・ウォルフ夫人とその母親とともにハナもサイゴンに向かって出発した。

ハナの母親は、娘のサイゴン行きを喜んではいなかった。しかし、元気で幸せにやっているという手紙が何回か届いたので安心していた。ところが、突然、その手紙が来なくなった。ハナからひと言も言ってこなくなったのだ。

しばらくして、ハナの兄が亡くなった。一家が揃うまで葬式を挙げられないので、ハナに帰ってきてほしいと母親が手紙で懇願したのだが、返事がない。何度か延期された葬式だが、ついにこれ以上延ばすわけにはいかず、ハナが欠席のまま兄は埋葬された。

親戚たちは、ハナは死んでいるにちがいない、そうでなかったら来ているはずだ、などとさまざまな憶測をする。涙に暮れる母親は、娘をかわいがってくれていた横浜の奥さんの所へ相談に行くことにした。

相談された奥さんは、もうすぐヨーロッパへ向けて出発するという婦人を知っていた。船がサイゴンで一日寄港するので、その婦人に、ハナがいったいどこへ行ってしまったのか、捜索を依頼してみると約束してくれた。

その後、かなりの日にちが経ってからやっと婦人から手紙が届き、奥さんはハナの母親に訳して聞かせたのだが、あえて全訳はしなかったという話である。

回想記を注意深く読めば分かることだが、ハナの捜索を依頼された「婦人」こそヨハンネである。直接話法の部分には、その場に必ず「婦人」がいた。ヨハンネは、没個性的な「婦人」という語り手の言葉を借りて、サイゴンで囚われの身になってしまった不幸な娘ハナについて語っているのだ。

受け取っていたテオ・ウォルフ夫人の住所がまちがっていたため、本人を捜し出すのにサイゴンの町を動き回り、無駄な時間をずいぶん費やしてしまった「婦人」は、ようやく女優の家を見つけて早速要件に入り、ハナがまだ生きているのなら会って話をしたい、と切り出した。女優は「婦人」を相手にせず、その代わりに魔女のような顔立ちの老婆、つまり母親を交渉相手にさせた。そしてその母親は、「婦人」の依頼に対してすぐさま返答し、三年という契約がきちんと成立していることを理由に、ハナを連れ去ろうとしても無駄だ、と言い切った。それに対して「婦人」は、次のように懇願した。

「お宅の女中を奪おうなどということは思ってもおりません。ハナさんから直接、元気でやっているのかどうか、お兄さんのお葬式に出るよう言われていたのにどうして来られなかったのか、それを聞いてみたいだけです。ですから、ハナさんに会わせてください」

この懇願が功を奏し、ハナが呼び寄せられた。

「ほっそりとして、形のよい体つきの若い娘で、黒い瞳が、何かこう曰く言いがたい悄然とした表情をしていました」とヨハンネが描写しているハナは、フランス語も英語もほとんど話せなかった。

日本で家族が心配していることを「婦人」が告げると、ハナの顔が引きつり、動揺しているのが見て取れたが、ハナは恐る恐るテオ・ウォルフ夫人の母親のほうに視線を送っている。どんな目に遭っているのか、正直に話してくれなければ助けるにも助けられないと「婦人」が言い聞かせても、怯えた様子のまま打ち明けた。

「だめなの。あと二年経たないとここを出ていくことができないの。あなたはいろいろ言ってくれましたけど、だめなんです。おばあさんがひどい意地悪で、私を行かせてくれないの。私、怖くて逃げ出せないの」

ちょうどそこに老婆が近づいてきて、「婦人」と言い合いをした揚げ句、骨張った手でハナの腕を乱暴につかみ、引っ張っていった。ハナは振り返って、もう一方の手で「婦人」に助けを求めるような仕草をしたのだが……。

「婦人」は仕方なく、寂寞《せきばく》たる思いで外に出た。ハナは、自らの意志で勤めている使用人ではなく、女奴隷のようにも思えた。それにしても、ハナの怖がりようがよく理解できない。ちょっと度がすぎているように思われた。無理やり仕事をさせられていることが理由であろうが、暮らしぶりといい、着ているものといい、外見上はそんなに絶望的なようには見えなかった。

馬車に乗って港へ向かった「婦人」は、そこで帰国することになっていたフランス人士官の家族に出会った。フランスの女性たちとおしゃべりをはじめて、テオ・ウォルフ夫人の話題になるまでさして時間はかからなかった。話を聞いてみると、女中であるはずのハナが、テオ・ウォルフ夫人が劇場に出演する夜はいつも、日本の娘らしい美しさを強調する素晴らしい衣装を身に着け、桟敷席で老婆と一緒に座っているという。またハナは、たいそう美しかったため、士官たちのなかには好意を寄せる者が多いということであった。

想像もできないほどの情報であった。「婦人」は、日本の横浜でハナのことを心配している人たちがいる、とフランスの女性たちに話して聞かせた。そこへフランス人の大尉が近づいてきて、「あのテオ・ウォルフ夫人というのは、とんでもないやつだ」と言った。そして、テオ・ウォルフ夫人がサイゴンの金持ちの若い男たちを何人も手玉に取り、舞台に出演するかたわら色仕掛けで近づき、その後、強請《ゆすり》を働いていたと暴露した。また、母親で魔女のような老婆がポン引きよろしくハナを派手に着飾り、桟敷席を「飾り窓」代わりにして男を誘ってはハナにも娼婦の役を務めさせていたという。

さらに大尉は、二か月ほど前の話として次のようなことを語った。

テオ・ウォルフ夫人がかつての恋人であったロシア人のＳ伯爵の前にひざまずき、北京から国に帰る途中であった伯爵にサンクト・ペテルブルグまで連れていってほしいと頼み込んだ。そんな願いを叶えることができないＳ伯爵は、立ち上がって出ていこうとしてテオ・ウォルフ夫人を脇へ押しのけた。そんな屈辱的な場面を、ちょうどＳ伯爵の付添い士官たちが見ていた。テオ・ウォルフ夫人はその侮辱に激怒して、口から泡を飛ばさんばかりにＳ伯爵を罵倒していたという。

それから時が経って、数日前にサンクト・ペテルブルグから届いた電報には、S伯爵の突然の死が告げられていた。てんかんの発作を起こして死んだというのだが、この大尉に言わせると、テオ・ウォルフ夫人が復讐して伯爵を殺したにちがいないということであった。さらに興奮気味に、「あいつは恐ろしいやつだ。何をするか分かったもんじゃない。その娘はできるだけ早くあいつの所から取り戻さなきゃいかん。その娘がテオの家で嫌々やらされていることを、サイゴンで知らない者はいない。日本の友人に、その子がどんな状況にあるかを知らせてやるんだ。それが俺の助言だ。何とか国に連れ戻してやる手があるはずだ」と言った。

ヨハンネの『日本の思い出』は、多少の脚色はあったにせよ、日本女性のさまざまな生き様をこのようなエピソードを通して語っている。それが真実味を帯びるのは、言うまでもなく、すべてが体験に基づいて書かれているからである。

ちなみに、テオ・ウォルフ夫人についてだが、明治二七（一八九四）年、ヨハンネが日本に滞在した前年七月の出来事として、『歌舞伎座百年史』に次のような記述がある。いろいろと、想像力を刺激する女性である。

「フランスのテーオー嬢という女優来日。ロシア帝室付の女優、団十郎と共演」（本文篇上巻、八五ページ）

第6章

回想記『日本の思い出』に描かれている筆子

ここまで、筆子と親密な関係にあったヨハンネの人物像や考え方を明らかにするべく、回想記『日本の思い出』に書かれているエピソードなどに焦点をあてて紹介してきたが、ここからは、筆子が「小鹿島夫人」として登場している場面や言及されているところを少し詳しく見ていくことにする。

まずは、ヨハンネが東京に到着して間もないころに時間を戻させていただく。当時の東京の暮らしが再現されており、史料的な価値もあると思われるので、全文を訳したうえで筆者なりの説明を加えることにする。

東京での交遊

東京の町はかなり範囲が広く、二五平方マイルもあると言われています。外国人が町中の至る所に住んでいて、東京湾から打ち上げられた砂の上に築かれた築地に住む者もいれば、高台で、お互いに遠く離れて暮らしている人たちもいます。教職に就いている外国人教師たちは、家族と一緒に大学の近くに住んでいます。

東京にいる外国人女性は、かなり楽な暮らしをしています。家事はいっさい人任せで、大事な役割と言えば、お互いの家を訪問しあったり、昼食会や晩餐会を開いたりすることでした。どの家でも客人を迎える日が決められており、近所の家族も同じように日を決めていたので、何曜日は東京のどのあたりというように、さまざまな所を回ることができました。みんなで毎週巡回するわけですから、友人知人と二週間以上顔を合わせないということは滅多にありませんでした。

馬車には馬だけではなく別当も連れていくので、どうしても長く待たせることになってしまいます。けれども別当たちは、屋敷の中庭に馬車が一〇台から一二台ぐらいがすぐに集まってきますので、楽しみには事欠かない様子でした。

それにしても、応接間での言葉の混乱といったらありませんでした。一五、六人も集まると、まちがいなく四つないし五つのヨーロッパ語が話されたからです。日本語も話されました。日本の婦人もよく参加していましたし、東京滞在が長いヨーロッパ人は多少の日本語が話せていたのです。

とはいえ、日本語を使うのはかなり危険なことでした。社会のそれぞれの階層にふさわしい話し方というのがあり、敬語の遣い方に非常に重点が置かれていたからです。日本人はその点に関しては大変傷つきやすいため遣い方をきちんと守っていたので、外国人が日本語を操るのには注意が必要でした。

したがって、日本人と一緒にいることが日本語学習に役立つことはなく、まちがいを犯すまいという恐れから、あらかじめ予習をしたうえで話さなければなりませんでした。日本語を練習しようと思っていた人たちにとっては、これは大変マイナスでした。私はあるシスターを日本語教師にして、教会で週二時間習っていました。

周知のように、カトリック教会は、地域の貧しい子どもたちを対象にプロパガンダを行っていました。私は窓越しに教室をのぞく機会がよくあり、何百人もの日本人の子どもが、何列にもなっている長い机に向かって着席しているのを見かけました。子どもたちはそこで、最良の品質の衣料を縫っていました。それを適当な値段で売り、さして高額ではない養育費を賄っていたのです。シスターの話では、お米のお粥が子どもたちにとっては滅多にありつけないごちそうで、普段はもっとつつましいものを食べているということでした。

日本で維新が行われたときに天皇は、青年たちがヨーロッパへ出掛けていって西洋の知識を身に着けてくるだけではなく、若い娘たちもそうしなければならないと言いました。これから来るべき時代に母親となる娘たちは、新しい体制に資するべきで、母親たちのものの見方が子どもたちに伝えられていくのではないかと考えていたようです。

かくして、一二名の娘たちが欧米に派遣されました。アメリカには、のちに有名な陸軍総司令官の妻となった大山公爵夫人が渡りました。大山夫人はアメリカに一一年間滞在したので、私たちとは何の不自由もなく言葉を交わすことができたのです。それに比べて、今、日本の学校でヨーロッパの言葉を学ぶ娘たちは、何語であれ話すことができません。たどたどしく話すことを恥ずかしがったり、学校で練習をする時間がなかったからです。

大山夫人の二人の娘さんは、紅茶を入れたり、お砂糖やクリーム、ケーキをすすめてくださるのですが、こちらが言葉をかけても、何も答えずにただ笑っているばかりでした。そこで私は、別に理不尽なことではないと思い、大山夫人に「外国語を話す練習をさせてあげるために、お嬢様たちをヨーロッパへおやりになってはいかが」と言ったところ、「とんでもありません」と夫人は即答したのです。

「この子たちにはまず、日本でみなさんがしているように生け花を習わせます。それから茶の湯の細かい手順を習わせますが、それだけで少なくとも二、三年はかかります！」

啓蒙されているはずの大山夫人ですら、自分の娘たちにはこんなことをさせると聞いて、私はまったくもって驚いてしまいました。事実、たとえば宮廷では洋服以外の服装をするように厳しく指示されていることに呼応して、日本女性はまた和服を着るようになっていたのです。何世代にもわたって引き継がれてきた慣習が、娘たちにも押しつけられていたのです。

もっとも、日本女性が洋装を捨てたことは別に不思議なことではありません。躍起になってようやくパリから服を取り寄せたとしても、一年も経つと流行遅れだと聞かされてびっくりさせられますし、古いものを着ていると人に笑われてしまうので、また新しい服を入手しなければならなかったからです。

その点、和服は事情が違ってきます。形はいつも同じで、生地の模様だけが変わります。梅の枝、桜の枝に菖蒲、牡丹、菊、紅葉もあれば藤もあります。これらの模様の着物を、すべて日本婦人は簞笥に入れているのです。服装を替える唯一のきっかけは季節です。外で桜の木が花を咲かせると桜の花をあしらった着物が引き出され、常に自然と一体になって過ごしているのです。そうして一年が終わると、また最初から手持ちの着物を着ていくわけです。ですから、二〇年以上にわたって新しい着物をつくる必要がないのです。

ハウスドレスだ、プロムナードドレスだ、夏用、秋用、冬用のドレスだなどというだけではなく、パーティー用のドレスまで備えていなければならないとあっては、日本の婦人たちが怖じ気づくのもよく分かります。流行の変化によってはそれらをすべて捨て、まったく新しいモデルの服を用意しなければならないのです。流行についていくには、日本はモードの中心から遠く離れすぎていると言えるでしょう。入手するまでの時間がかかりますし、旦那様の懐にも負担がかかりすぎます。それに、コルセットを必要としない和服のほうが身体によいと、お医者さまが言っていたではありませんか。

日本の婦人は、ヨーロッパ女性の猿真似をするようなことはせず、自分たちが身に着けてきた和服を守りたいというわけです。アメリカで一二年間も洋服を着ていた大山公爵夫人でさえも和服をつくり、ほかの上流婦人たちもその例に倣っていたのです。

矛盾するのですが、その一方で大山夫人は喜んでバラの栽培を行い、自らも大きなバラ園をもっていました。ところが、バラは日本の気候にあわず、日本の土ではうまく育たないため、小さな花しかつけませんでした。そんな花でも、無作法にならないように誉めてあげなければなりませんでした。人であろうと植物であろうと、自分にふさわしい場所に留まるのがよいという説には一理あるのかもしれません。本来の土地でこそ、立派な根を張ることができるのです。

東京のさまざまな場所を訪問することは大変楽しく、大勢の素晴らしい人たちと知り合うことができました。けれども、本当の日本はほんの少ししか知ることができませんでした。また、伝道師たちとの出会いは、別の意味で興味深いものでした。アメリカ人とイギリス人の伝道団体がお互いに競い合っていたのです。私が知り合ったのはアメリカのメンバーでした。

その団体に属していた築地のある家で、私は若くてかわいらしい日本人女性に出会いました。小鹿島夫人といい、ありがたいことにフランス語と英語が堪能でした。皇后の女学校［華族女学校］でフランス語を教える先生でしたが、それ以外にもアメリカのミッションスクール［静修女学校」の校長を務めており、その学校の近くに住んでいました。この女性も天皇によって遠い外国に送られた一二名の娘さんの一人で、ブリュッセルとパリで学んできたようです。

私は、彼女の友情に今でも感謝しております。私はしばしば彼女の家を訪れ、多くの優秀な日本人たちと出会うことができました。皇后の女学校で教えている二人の女性教師にもそこで会いました。その二人は、ミス・ベーコンが著した有名な本『明治日本の女たち(1)』を書くのを手伝った人たちでした。この本は、東京大学で日本語を教えているチェンバレン教授(Chamberlain)も資料として使用しています。

ベーコン女史は、一八六八年の維新後に、アメリカから皇后の学校(原注：The peeress school)へ教師として招かれました。そして、学校内に住み、何年にもわたって女性教師ならびに女学生らと親しく過ごしてきました。それは、日本在住の外国人にとってはまったくもって例外的なことでした。

知性あふれる彼女は、観察したすべてのことに対して、的を射た、信頼に値する描写をしているのですが、それがまた過ぎ去った封建時代とその当時の女性の地位に関して数多くの疑問を呈する源となっていました。それがゆえに、日本の過去や現在についての著作をなし得た彼女をサポートしていた二人の日本人女性に会うのは大変興味深いことでした。

日本でも、ピアノを演奏するという文化がかなり前に導入されていて、小鹿島夫人の生徒たちが熱心に練習をしていました。私は日本の女の子たちに音楽を教えるという約束を小鹿島夫人にしていたのですが、残念ながら、その約束を守ることはできませんでした。というのも、すでに優秀なイギリス人の先生がいることが分かり、でしゃばった真似をしたくなかったからです。みんな忙しくしていましたし、元々そんなことをしようと思ったりしたことがまちがいだったのです。

日本の音楽は、ヨーロッパ人の耳にはとてつもなく単調なものに聞こえました。歌は鼻声で、短調のシンコペーション［syncopation・切分法］が繰り返されるため、物悲しく耳ざわりな印象を与えます。一番好まれている楽器は琴です。細長い楽器で、小さな琴柱《ことじ》によって弦が張られ、ピック［つめ］を使って演奏されます。小鹿島夫人の所で、この楽器を三つ使ったトリオを聴きました。日本人はみんなその演奏を誇らしく思っており、私に大喝采を期待していたようですが、その単調さは何とも言いようのないものでした。

別の機会には、同じく小鹿島夫人の所で、盲目の歌手が一時間余りにもわたってバラードを謡《うた》うのを聞かされました。ひと言も分からない私には恐ろしく長く感じられましたが、聴衆はみな大変興味深げに聴き入っていました。

（1）（Alice Mabel Bacon・一八五八～一九一八）矢口祐人・砂田恵理加訳、みすず書房、二〇〇三年。

小鹿島夫人の甥で、若くてハンサムな海軍士官にも夫人の家で会っています。イギリスで教育を受けてきたという彼は、英語も堪能でした。

「たった今、中国公使のお家に寄ってきたんですけれど、まるで中国の旗に描いてある龍が日本の太陽を飲み込もうとしているようで、びっくりしましたわ」と私が英語で話しかけると、彼は「そこまで行くには、まだ相当時間がかかるんじゃないですかね」と笑いながら答えました。

しかし、さすがに敵対心を隠すことはできなかったようです。終わって間もない日清戦争のことを思えば、それは無理もないことでしょう。敗戦後、大層な旗を日本で掲げなければならない中国公使のほうがかえって気の毒でなりませんでした。

小鹿島夫人は私をよく東京の町に連れ出し、さまざまな名所を案内してくれました。一度、日本軍のどこかの機関に属するお庭を見せてくれることになり、二人の士官が案内役を務めてくれたことがあります。彼女はその二人にすっかり魅せられたようで、彼らも喜んで世話を焼いてくれました。

庭には花が一つもありませんでした。庭というより古木が立っているだけで、せせらぎが流れ、芝生があってこんもりとした茂みがあり、岩の間を小径がくねっている公園のような所でした。「お花一本差し上げられないわね」と、小鹿島夫人は言いました。「ここにはお花なんかないし。あ、でもちょっと待って」と言うと、彼女は草むらにかがみ込んで草を分け、目に留まらないほどの小さな花を見つけました。そして、「かわいいと思わない？」と言ってそれを私にくれました。

私は感激したような表情をせざるをえませんでしたが、彼女の見方と私の見方の違いに驚きました。彼女の目には、私が思っていたよりもずっと大きな花に映っていたのでしょう。その小さな花を落として心やさしい贈り主を傷つけないよう、私は花の茎をしっかりと持ちました。「近いうちに華族女学校で試験がありますが、いらっしゃいませんか？」と小鹿島夫人に誘われたので、私は「ぜひとも行ってみたい」と答えました。

「それでは、学校の門の前で、明後日の朝八時半にお会いしましょう。皇后陛下がお出でになるかもしれませんよ。今はご気分が優れないようですが、明後日まではきっと元気になられるでしょうから」

東京在住の外国人女性たちが、曜日を決めてお互いに訪問しあっていた、それも地域ごとにグループで移動していたなどということは、これまでに著された本には書かれていないことだろう。そうした活動中にヨハンネが気付いたことが「言語の混乱」であった。

ヨーロッパの各国語が飛び交うなかに日本語も交じっていたが、日本語を使うには「敬語」に気を付けなければならなかったので敬遠されていたと言っている。正確には、同じ日本語でありながら相手によって別の言葉遣いをしなければならないことが煩雑で、学ぶ気がしなかったということであろう。すでに日本語が話せていた（あるいは、話せるつもりでいた）のだろうが、それを上流階級の婦人相手にはさすがにつかえなかったのだろう。

ここで思い出されるのが、一八八五年に日本を訪れたフランスの海軍士官ピエール・ロティである。しばらく長崎に滞在したあとに東京を訪れたロティは、日本の上流階級の紳士淑女を相手に習ったばかりの日本語で話しかけたのだが、それは庶民が話す日本語で、おまけに長崎方言だったために顰蹙《ひんしゅく》を買っている。そのことが分からなかったロティは、かえって驚いている。日本語にかぎらず、大人が外国語の学習をする際にはよい教師につくことが大事となる。シスターを選んだヨハンネではあるが、やはり週に二時間では不十分なものであった。また、短期間の滞在であったため、ヨハンネは結局のところ日本語ができないままであったと思われる。

大山捨松は、一八七一年に津田梅子らとともに岩倉使節団に随行してアメリカに渡った女子留学生の一人であるが、先にも触れたように当時の名前は山川捨松で、ヨハンネが一八九五年に東京で出会ったときには、主人の大山巌（一八四一～一九一六）はまだ「陸軍最高司令官」にはなっていなかった。日露戦争を勝利に導いた軍人として世界に名を馳せたのは、ヨハンネが回想記を執筆するようになってからのことである。

アメリカで教育を受けてきて、鹿鳴館時代には日本の欧米化の最先端を走って洋装し、ダンスをしていていた捨松ではあるが、日清戦争後には方向転換し、率先して和服を着用していただけでなく、自らの娘たちに外国語を学ばせる前にまず華道と茶道を習わせていた様子をヨハンネは驚きとともに活写し、捨松を「反動的」とさえ呼んでいる。それはもちろん、捨松個人の選択であったわけではなく日本全体の傾向であったわけだが、極端な西欧化の反動として起こったナショナリズムが、日清戦争の勝利とあいまって服装にも及んでいたわけである。

これは、近代国家としての自信の現れでもある。かつては、無批判にかつ軽率に葬ってしまっていた「日本的なもの」を見直す動きが顕著になり、その一例として「和服」の効能が列挙されているわけである。季節にあわせて着替えればよい和服は、流行の波に飲まれることがなく、コルセットをはめることに比べればはるかに健康的であることなどが書かれているが、何よりも和服は美しかった。

それと関連して、多少の皮肉を込めながらもヨハンネは大山夫人のバラ園に言及し、西洋種のこの花が日本の土壌でうまく育たないことを挙げている。洋装を和服に変えた大山夫人を反動的と見なす一方で、ヨハンネは「人であろうと植物であろうと、自分にふさわしい場所に留まるのがよいという説には一理あるのかもしれません。本来の土地でこそ、立派な根を張ることができるのです」と記している。

後段でまた触れることになるが、ヨハンネ自身、帰国後にデンマークで日本を紹介するにあたっては、開国日本に焦点を定めたチェンバレン[2]風の理性的な説明ではなく、ハーン風の心情的な語りの方法を選んで伝統的な日本を描いている。

もう一人、ヨハンネが日本滞在中に出会って世話になったばかりではなく、ある意味で決定的な影響を受けたのが、英語もフランス語も堪能な「若くてかわいらしい日本女性」小鹿島夫人であった。冒頭でも紹介したように、小鹿島夫人とは男爵渡辺清の娘、渡辺筆子であり、当時三四歳であった。夫の小鹿島果《はたす》が一八九二年に亡くなったあと、すでに三年間未亡人であったが、華族女学校でフランス語を教えるかたわら静修女学校の校長を務めていた。

筆子はまた、九歳になる長女と四歳の三女を抱える母親でもあった。ちなみに、次女は一八九〇年に生後間もなく亡くなっている。公私にわたって多忙を極めていたにもかかわらず、筆子は時間を惜しまずにヨハンネの相手をした。当時五一歳になっていたヨハンネは、ヨーロッパ留学中に母を亡くしていた筆子にとっては、頼りになる年上の女性と映っていたのかもしれない。いずれにしろ、この二人の友情は長く続くことになる。

筆子の仲介があったからこそ、ヨハンネはさまざまな日本人と知り合うことができ、通常であれば外国人が行けない所にも案内されていた。ここでは、華族女学校との関係でアリス・ベーコンの名も挙げられているが、彼女は一八八八年にお雇い外国人として来日した女性である。大山捨松はアメリカ留学時代にベーコン家に住んでいたことがあるし、津田梅子もアメリカで彼女に会っており、この二人の提言があったことでアリス・ベーコンの来日が実現している。

ヨハンネが言及している本『明治日本の女たち』の執筆に協力した日本人の一人が梅子であったことは疑いがない。この本は一八九一年に発行されているが、その分野では先駆的な英語文献であった。邦訳は、先にも紹介したように、二〇〇三年になって「みすず書房」からようやく刊行されている。

ピアノ演奏ができたヨハンネは音楽にも造詣が深かったのだが、小鹿島筆子の好意で催された琴の演奏会にはかなりの抵抗を示している。本文に書かれているように、短調のシンコペーションが多用されて単調というのが日本の伝統音楽から受けた第一印象であったが、食べ物と同様に

（2）（Basil Hall Chamberlain・一八五〇～一九三五）イギリスの日本研究家。東京帝国大学文学部名誉教師。アーネスト・サトウやウィリアム・ジョージ・アストンとともに、一九世紀後半～二〇世紀初頭の有名な日本研究家の一人。俳句を英訳した最初の人物であり、日本についての事典『Things Japanese』や『口語日本語ハンドブック』などといった著作、『古事記』などの英訳、アイヌや琉球の研究でも知られている。ハーンが「情」の人と呼ばれるのに対して、チェンバレンは「知」の人と呼ばれ、お互い犬猿の仲でもあった。

音楽も身体を通して文化の深層部にかかわっているものなので、この感想は当然であろう。

筆子に案内されて軍関係の施設にある庭園に行ったときのヨハンネの反応も、文化の相違に深く根ざしたものであった。花のない日本庭園に、洋式庭園という先入観しかなかったヨハンネは驚いている。草むらに小さな花を見つけた筆子は、それを摘んでヨハンネにプレゼントしたわけだが、ヨハンネは何の感動も得ることがなかった。

清少納言以来、「ちいさきもの」を愛おしく思う日本的な美の感覚はヨハンネに通じなかったわけだが、せっかくもらった花を落としてはいけない、優しい贈り主の心を踏みにじってはいけないと思ったヨハンネの心には、文化の相違を越えるだけの普遍性があった。このような心遣いがお互いにできたからこそ、筆子とヨハンネの二人は友情を長年にわたって温めることができたのだと思われる。

文化にかかわることでは何事も同じだろうが、自らの趣味や判断に固執してそれを一般化すると必ず誤解と偏見に陥ることになる。その点、ヨハンネには先天的なバランス感覚が備わっていたと思える。

和服と洋装のエピソードのあとに、日本では育ちにくいバラの話を持ち出している。趣味や嗜好は文化レベルで判断すべきことではないが、音楽に関してはどうしても好き嫌いがあるために ヨハンネは反応を隠しきれないでいたが、この小さな花のエピソードでは筆子と自分の違いを認めるに留まっている。そして、筆子を傷つけまいとして振る舞う姿勢そのものが教養であり、「文化」ではないかと筆者は思う。

華族女学校を訪問

ピエール・ロティの『秋の日本』を読んだ人なら、皇后の名前が「春」を意味していることはご存じだろうと思います。しかし、せっかくの名前も、春が暗示する永遠の青春を保証することはできないようです。一八六八年に皇后になられましたが、今はもう明らかに「秋」に入っていらっしゃる様子でした。

皇后様は、天皇陛下にとって聡明な助言者でいらっしゃると聞いています。また、日本の女性たちがこの国の高級な文化の享受者になれるようにと深い関心を示しておられます。華族女学校は皇后様がとくに愛着をもっていらっしゃる学校で、少なくとも月に一度はお出でになり、熱心に参観なさっています。

一八九五年夏のある朝早く、私はアメリカ人女性と一緒にこっそり学校に入れていただきました。手芸作品が展示されていたほか、筆記の練習帳や図画、そして生徒たちの詩集も並べられていました。詩歌は、この学校の大事な課目の一つになっていました。詩集には、三一文字から成る短い頌歌《しょうか》が五行で揃えてあり、その内容は自然を愛でる日本人の心象に対応したものでした。

聞くところによりますと、皇室の方々には常に詩歌の先生がついているようで、毎年一月に歌の題が知らされ、天皇皇后両陛下もその題に基づいて歌をつくられているようです。お二人だけではなく、多くの日本人が栄誉の賞を得ようとして競い合うそうで、歌集をじっくり学ぼうとする気持ちがよく分かります。出される題というのがまた興味をそそられるもので、「遠くの丘の上の雲」、「月夜に鳴く虫」、「雪に覆われた松」などがありました。

壁には「掛け軸」が掛けられていました。縦に長い絹地に描かれた絵で、一番下の部分には丸い木の軸があり、絵をしまうときにはその軸に巻きつけていきます。掛けてあった生徒の絵には、花盛りの桜の下に立っている日本女性を写した

華族女学校（写真提供：学習院アーカイブス）

ものが多数ありました。木炭で描いた絵もありましたが、大部分が肖像画で、ヨーロッパ風に額に入っていました。

紡いだ黄色い絹糸を大きく巻き上げたものも見ました。小柄な日本女性が、籠の中に桑の葉を入れて、せっせと育てた蚕を繭にするまでには並々ならない労力が投入されています。蚕の繭は、その道の専門家の女性によって紡がれ、その成果が展示されていたのです。

手芸作品の展示を見るために、少しお歳を召した皇女が従者を連れて入ってきました。その間、私たちは隣の部屋に移され、そこで色とりどりの小さなウエハースをごちそうになりました。懐中時計ぐらいの大きさで、非常に薄く、砂糖で上手に模様があしらわれていました。

このあと、授賞式が行われる広い講堂に移動しました。三六〇名に上る生徒たちが、並べられた長椅子に腰掛けていました。みんな和服でしたが、普通の細身の着物とは裁ち方が違っており、折り目も多く、一目で学生と分かるようなものでした。男子校の生徒は、日本で「学者のズボン」と呼ばれている、襞が細かく折り目のたくさんあるズボン［袴］をいつもはいていました。

若い娘たちも同じようなスカートをはいていましたが、それがヨーロッパで流行している自転車用のスカートのように、ズボン風に二股に「分かれて」いるのかどうかまでは確かめることができませんでした。虹と同じように、さまざまな色のものがありました。ちなみに、女性の教師たちはみんな日本人でしたが、ヨーロッパ風の淡い色のシルクの服を着ていました。

講堂の壁は、天井から床まで襞の多い紅白の幕で覆われ、装飾に旗を使って全体をまとめていました。白地に赤い太陽の日本国旗もたくさん見られましたが、青地に一六枚の花びらのついた白い菊が浮き出た天皇陛下の旗もありました。

女子生徒は一二歳から一八歳までで、ほかにごく小さな女の子のための幼稚園のような部もあって、そこには皇女が四人いました。生徒たちの座る長椅子は、皇后陛下が座る安楽椅子の置かれてあった一段高い場所を正面にして並べられており、安楽椅子の脇には机がしつらえられて錦で覆われていました。

しかし、残念なことに皇后様はおいでになりませんでした。学校に使いが寄越され、皇后陛下には急用がおできになったとのことでした。私たち二人の外国人は、自分たちのせいなのかもしれないと心配になり、隅のほうで小さくなっていました。

当然のことながら、皇后様に代われるほど高貴な方はいらっしゃらなかったので、皇后陛下の椅子は空っぽのまま、多くの人々からお辞儀とお礼の言葉を受けることになりました。

お歳を召した皇女が付添いを連れて手芸作品の展示室から出てこられると、外に立っていたオーケストラが席にお着きになるまでマーチを演奏し、やがて式がはじまりました。まず、学校の熱心な活動をほめ、あらゆる方面で学校が進歩を遂げていることを長々と日本語で話し、そのあとで歌が一曲歌われました。最初の音で全員が起立したのですが、その曲はほかでもない皇后陛下が作曲したものでした。伴奏がついていたのですが、それはピアノでメロディーを演奏するだけで、和音をつけるようなことはまったくありませんでした。

そして、授賞式です。名前を呼ばれると、少女が機械仕掛けの人形のように前に出て、ゆっくり深々と皇后陛下の椅子に向かってお辞儀をし、同じくゆっくりと、教師と校長が賞品を授けるべく立っている机に向かって移動します。若き日本女性（学校の最上級生はもう子どもではなく、うら若き娘さんでした）は、差し出された扇を両手で受け取り、お辞儀をしながら静々とそれを額に近づけます。そのまま皇后陛下の椅子まで下がって、そこでもう一度恭しく敬意を表してからみんなのもとに戻っていきます。

新たに名前が呼ばれ、まったく同じ情景が繰り返されます。当然のことながら、ごく普通の礼儀が行われていたにしろ、そのニュアンスをまったく理解できない私たちにとっては、それは単調きわまりないことでした。しかし、受賞した数多くの生徒たちのほうを見れば、それが大変大事なことらしいことが見てとれました。

小さな皇女たちは、低学年の順番が来るまで待っていました。四人とも賞をいただきましたが、誰も驚いたりしませんでした。教師が扇を手に取って皇女たちに近づいて渡すふりをしたものの、それを直ちにお付きの婦人に手渡してしまいました。まるで、そんな些細なことで小さな皇女たちを煩わせたりしてはいけないかのようでした。

　式典の事務的な部分が無事に終わると音楽の発表会がはじまり、その日のために練習してきた成果が披露されました。

　コンサートは、イタリアのオペラをアレンジしたピアノの連弾ではじまりました。海軍大臣西郷［従道］侯爵のお嬢さんと、もう一人私たちの知らない日本人の娘さんが弾きました。正確で、非の打ちどころのない演奏でした。とくに、短調の小節が彼女たちの心情にふさわしかったように私には聞こえました。日本の音楽はというと、短調とシンコペーション［切分法］だけでできているようなものでした。

　次は、琴のトリオが演奏されました。琴は長くて細い楽器で、床に置いて演奏されます。演奏者は楽器の前に膝を折って座り、爪［ピック］をつけて弦を弾いて奏でるのです。前奏のあとに合唱が入り、バラードを歌いました。そのメロディーから判断するに、極めて哀しそうな曲でした。

　伴奏は、先ほどの三人の奏者が務めました。低音から高音へ、あるいは高音から低音へと各音が急速に演奏されるアルペッジオのヴァリエーションが主体となっており、両者の中間音がとられることもありました。抑制されながらも情熱的な終結部があり、封建時代を舞台にした武者の叙事詩は終わりました。聴衆はすっかり心を奪われていましたが、私たちは、つくづく歌詞が分かれば……と思った次第です。

オーケストラが高々とファンファーレを鳴らして、コンサートの終わりを告げました。全員が起立し、お歳を召した皇女がお付きを連れて退場し、それに続いて、年に一度の式典に彩りを添えていた貴人たちも退きました。小鹿島夫人が、隅で隠れるようにしていた私たちを迎えに来てくれました。その場所から私たちは、間近に、外国人の目に晒すはずではなかったであろう日本の姿に触れていたのです。

それにしても、女性の地位向上のために活動し、成果を上げようとしておられる皇后陛下、少なくとも、そのための知識を得ようとしていらっしゃる慈悲深い皇后陛下のお姿に触れることができず非常に残念でした。

当初は女性も欧米化の波に乗せようとしていた日本人も、既婚女性たちが自分たちの屈辱的な地位にもはや甘んじていたりしないと思っていることを知るや怖れをなし、今や大多数の女性の合言葉が「古き日本を守れ」となっています。それに対抗する方向を最近の教育に見いだすことは困難な状況になっています。皇后陛下御自身が体験なさっていることですが、皇后様には子どもがありませんが、天皇陛下にはたくさんの子どもがいらっしゃるのです。

もう何年も前に、東京にある皇居が焼けました。両陛下はしばらくの間、かつて臣下のものだった朽ちて古い家に住まざるを得ませんでした。「そんな粗末なお宿に移られたことを知って、国民は心を痛めています」と皇后陛下に話した人がいました。それに答えて、皇后様は素晴らしい歌をおつくりになり、国民の胸の内にこそ我が家があると確信できるかぎり、身の周りがどのようになろうと些細なことでしかありません、とご心情をお伝えになっています。

『日本の思い出』の序文によると、この章は以前デンマークの代表的な新聞である〈ベアリンスケ・ティーデンデ（Berlingske Tidende）〉に掲載されたものを再録したとなっている。そのためであろうか、ほかの箇所に書かれてある文章と重複している部分がある。

筆子の尽力により、言わば「裏口」から華族女学校の「授賞式」、つまり夏休み前の終業式をヨハンネは観察する機会を得た。皇后陛下の姿が見られるかもしれないという期待があったのだが、あいにくと皇后様が出席されることはなかった。

すでに書いたように、皇后「美子《はるこ》」の「はる」を「春」と取り違えてヨーロッパに広めたのは、ヨハンネも記しているピエール・ロティであるが、一度まちがった情報が伝播してしまうと、それを取り除くことがいかに難しいかという好例になっている。それを真に受けたヨハンネは、よりによって、お歳を召してきた皇后陛下が春ではなく人生の「秋」に入っていると書いている。

この章でもヨハンネは音楽の演奏を聴いたことに触れているが、合唱の伴奏に和音がつけられていなかったことに不満を感じている。また、ピアノの連弾へのコメントでも、短調とシンコペーションへの偏愛が繰り返し指摘されている。琴の三重奏については堪能したようだが、歌詞がまったく分からず、デンマーク語の原文には感嘆符までつけて残念な思いを表している。

ヨハンネは、ただの好奇心から皇后陛下の姿を見ようと思っていたわけではなく、婦人教育、女子教育一般の向上に尽力していた皇后陛下を敬服していたからである。しかし、日清戦争後の日本にあって、すでに大山捨松との出会いでも確認できたように、日本は女性の地位に関するかぎり明らかに後退の兆候を示していた。その一例として、天皇家の一夫多妻制にまで言及していることは驚きに値する。

皇后陛下の初志に反していたこの方向転換には、筆子も不満を抱いていたように思われる。一八九九年に筆子が華族女学校を退いた背景には、このような事情が理由の一つとしてあったようにも考えられる。

筆子の催した茶会

日本では「茶会」という言葉を耳にしない日はありません。ですから、それが何を意味するものなのかを知りたいと思うのは当然のことで、小鹿島夫人が招待してくださったときにはとてもうれしく思いました。

三時に小鹿島夫人の家に集まることになっていましたが、知らされていたのはその時刻と、茶会はちょっと時間がかかるということだけで、家で夕飯を待っていてもらったほうがいいのかについては分かりませんでした。私たちの日本人後援者である、きれいでかわいらしい小鹿島夫人に、そんな現実的な質問をするわけにはいきませんでした。

招待されていたのは、私のほかにアメリカ公使［エドウィン・ダン］の妹さん、ブラキストン夫人、そのお友達でニューヨークから来ていたベイリー夫人とヒューゲニン嬢、そのほかにアメリカ婦人が二、三人いました。

大きな広間に案内されると、そこには小さいけれど装飾が施された、腰掛けのような漆のお膳がグルリと輪になって据えられていて、どのお膳の前にも座布団とクッションがおいてありました。すべてを純粋な日本式にするという約束でしたので、このクッションは違反でした。とはいえ小鹿島夫人は、足先を揃えて踵の上に座るなどという芸当が私たちにはできないことを知っていました。

みんな、小さなお膳の前のクッションに腰を下ろして待っていました。やがて、大人になりかけという年ごろのすてきな娘さんたちが何人か部屋に入ってきました。みんな、アメリカのミッションスクール［静修女学校］の最上級生でした。

茶会がはじまりました。話によると茶会は、一二世紀、仏僧が夜の読経の際に目を覚ましていられるようにお茶を飲んだことを起源としているようです。小型の道具が出されました。収集家たちが好んで手に入れようとする道具です。赤く燃えた炭の上に湯沸かし［湯釜］が吊るされ、湯が沸くと把手をつかんで持って下ろされます。

娘さんたちが、決められていたとおりに動く様子を見守っていました。細かいところにまですべて規則がありました。それから、お茶が私たちみんなの前に順繰りに運ばれ、添え物［菓子］と一緒に出されました。床の間の生け花や香炉を鑑賞するなど、客としてすべきことがあったのですが、ほとんど何もできずにいました。

実は、主人側も私たちをだますようなことをしていたのです。ヨーロッパで飲むような普通に漉したお茶［煎茶］を出し、熱湯に溶かして泡立てる緑色の粉［抹茶］を使っていなかったのです。泡の立ったドロドロのお茶を、ゆっくりかしこまって飲むことを覚悟していたのですが、この点に関しては主人の小鹿島夫人に感謝しました。客人のうちの二人は、以前その日本式のお茶を飲んだことがあるのですが、あとで身をよじるような腹痛に襲われていたのです。

娘さんたちのしなやかな動作とお手前をじっくりと観察しながらお茶会が終わると、同じ娘さんたちが、今度は普通のお給仕をすることになりました。お茶のあとで夕食、それも本格的な和食をご馳走になったのです。

お料理が、青と白のすてきな陶器に入れられて運ばれてきました。同じ模様のお皿が蓋になっていて、茶こぼしのような形をしています［茶碗蒸し］。スープはいい味でしたが、何を使ってつくったのかは分かりませんでした。魚はきれいな切り身で、白いダリアのように美しくお皿に盛られていました。もちろん、お魚は生です。赤と青の何だかよく分からないもの［海藻］がダリアを取り囲んでいました。

みんなで料理を味わいましたが、私たちはあとでどうなるか少し不安でした。次から次へ運ばれてくる料理はどれも見た目はきれいなものでしたが、味のほうは見栄えほど感心できるものではありませんでした。

夕食がすむと、小鹿島夫人が「まだ特別のデザートが出てきますよ」と告げました。何かと思っていると、何とそれは厚いステーキでした。一人に一枚ずつ出てきました。小鹿島夫人は、空気のような日本の食べ物で私たちのお腹がいっぱいになるわけがないと思い、このおまけの料理を出すことにしていたのです。

先にも言いましたように、約束ではすべてを純正の日本式でやるはずだったにもかかわらず、です。あまり食欲が湧かなかったのですが、小鹿島夫人の機嫌を損ねないように、私たちはステーキを食べざるをえませんでした。

茶会の秘密を明かしてくれたことがとてもうれしくて、私たちは素晴らしい集まりを開いてくれた小鹿島夫人に心から感謝しました。みんなそれぞれに、茶会が日本の歴史で果たしてきた役割について読んだり聞いたりしていました。「日本のナポレオン」と呼ばれている豊臣秀吉は、かつて北野の森の針葉樹［杉の木］の下で、日本中のお茶をたしなむ人々が茶道具を持って集まってくるのを迎えました。大茶会は一〇日にわたって行われ、秀吉は約束したことを忠実に守り、出席した一人ひとりとお茶を飲みました(3)。この朝鮮の侵略者がこんな和やかな趣味をもっていたなどと、どうして信じられましょう。

ブラキストン夫人は、すでに鎌倉への遠出の章で登場している。名前をアンヌマリーと言い、一八六一年に来日して函館で活躍していたトーマス・ブラキストン大尉（一八三二～一八九一）の妻であったが、ヨハンネと知り合ったときには未亡人となっていた。筆子とともに、ヨハンネ滞日中の貴重な情報提供者であり、道案内人でもあった人物である。

すべてを真正日本式に行うと約束して客を自宅に招待した筆子であったが、「純粋」を演出し、抹茶の代わりに煎茶を出すなどして文化的変容を施した「伝統」を筆子は披露した。心情的には

(3) 北野《きたの》大茶会《だいさのえ》。一五八七年に京都・北野天満宮境内において関白太政大臣・豊臣秀吉が主催した大規模な茶会のことだが、実際は一日で中止となっている。

外国婦人の期待を裏切ったことになるのだが、ヨハンネが正直に告白しているように、お客のことを考えてのことであり、その心遣いに感謝されている。

招待されたときに、茶会のあとで夕食が出されるのかどうかが分からずに気をもんでいたところなど、ヨハンネがいかにも主婦らしい配慮をしていたことがうかがわれて微笑ましい。案の定、筆子は茶会のあとで純粋の和食を客に振る舞っている。お客たちも、少々心配しながら勇気を出して見事に盛りつけられた料理を次々に味わったわけだが、ここで筆子はさらに、日本の伝統的文化に歪曲を加え、デザート代わりに厚いステーキを一人に一枚ずつ出している。

和食だけでは鳥の餌のようでお腹の足しにならないだろうという好意であったわけだが、出されたほうは主人の善意を傷つけることもできず、いや応なしに食べざるをえなくなった。このあたりの文化的な駆け引きに関する描写は、切実で、しかも生き生きとしており、興味の尽きないところである。

見たことのないもの、試したことがないことに対して、人はそれまでの体験だけをもとにして想像力を働かせ、極端に肯定的もしくは否定的な判断をしがちである。当然、それが極めて自然な反応であるわけだが、一度見て試してしまえば、良きにつけ悪しきにつけ幻想の風船は弾け、先に進むことが可能となる。これは当たり前とされることだが、実はそれが現実であり、人が異文化に接する際に必ずと言ってよいほど起きていることなのである。

事実を見極め、理解するためには、謎めいた幻影を葬り去る必要がある。しかし、識者の指導がなかったり、共同でその事物なり現象を体験することができなかった場合は、たとえそれを見て試したとしても独りよがりで歪んだ像、さらには偏見に満ちた像しか結べない。異文化の事物や現象は、説明され、歴史的・文化的な意味において捉えられない場合には必ず誤解を生んでしまうことになる。

ヨハンネは、茶会が日本の歴史のなかで果たしてきた大きな役割については本で読んで知っていた。豊臣秀吉が一五八七年に京都北野で開いた大茶会の規模とその意義を、筆子の家でお点前を実見して、初めて納得できたのではないだろうか。

「本物」の日本、「純粋」の日本が、親切心から、もしくは見くびられたがために、文化的な変容を施して紹介される。そんな体験をした外国人は、なにもヨハンネが最初ではなかったであろう。しかし、その過程と心理的なからくりを、これほどまで正直に書き記した文章は稀なのではないかと思う。些細なことだと見捨てられてしまうか、その些細なことのなかに含まれている意味に気が付かないままとなっていることが普通である。このような体験が共通の話題となって取り上げられたとき、お互いの文化に対する深い理解が生まれてくると筆者は確信する。もちろん、うまくいけばの話ではあるが……。

ヨハンネは、筆子を通じて日本を理解したのであり、筆子なしには日本を理解することはなかったであろうと思われる。誤解という影をともなったことのない理解、それは平面的で浅薄なものでしかないように思われる。

北白川宮の葬儀

「北白川宮(4)がお亡くなりになった」という噂が、口伝えで東京と横浜の町に広がりました。この日清戦争の司令官北白川宮は、戦場で亡くなったわけではありません。軍刀でも弾丸でもなく、彼を殺したのは台湾沼沢地の熱病でした。

周知のように台湾は、戦勝の細々とした代価として日本に帰属することになりましたが、この小さな島を日本兵が占領していました。巷《ちまた》の話によれば、戦場で失った日本兵士の数は、台湾の沼沢地の気候に倒れた兵士たちの数と比べたら微々たるものだったと言います。

台湾で亡くなった北白川宮は病床にあったわけですが、それは日本では許されるべきことではありませんでした。たとえ自分の寝床で惨めな死を迎えざるをえないにしろ、死ぬのは故国、できれば自分の屋敷であるべきでした。ですから、亡骸《なきがら》が日本へ送られてくる途中だというのに、誰も親王の死を気にかけたりしませんでした。何もなかったかのように劇場では公演が続けられ、人々の暮らしもいつもどおりのことが繰り返されていました。

北白川宮は天皇の近しい身内でしたが、幼少の折、日本の転換期〔明治維新時〕に将軍方にさらわれています。その人々からすれば、天照大神直系の皇室の者を頂かなければ、今上天皇に抵抗することができなかったからです。

将軍自らが捕えられたにもかかわらず、幕府方はなおも戦《いくさ》を仕掛けました。やがて徳川家の支配が風前の灯となり、血戦の末に少数の残党とその年若い一族が天皇側の手に落ちました。捕われた敵の子どもたちは直ちに処刑され、将来天皇の脅威となりそうな者はことごとく抹殺されるものだと思われていました。けれども、それは天皇の意向ではありませんでした。天皇は親王をドイツに送って軍事教育を受けさせ、帰国したのちは東京上野の輪王寺の門主にさせました。その地位には、代々皇室の親王が就くことになっていたのです。日清戦争の勃

（4）（一八四八〜一八九五）伏見宮邦家親王の第九王子で、二代能久親王のこと。一八五八年に仁孝天皇の猶子として一一歳で親王宣下。上野の輪王寺に入寺得度し、公現入道親王と名乗る。戊辰戦争のときには幕府側につき、彰義隊に担がれて上野戦争に巻き込まれ、その後、奥羽列藩同盟に擁立されて仙台に赴いた。維新後、蟄居・伏見宮家預りとなる。一八六九年に許されて伏見宮に復帰し、翌年ドイツに留学。一八七二年に北白川宮を相続し、一八七七年に帰国した。帰国後は陸軍に勤務し、陸軍中将にまで進む。日清戦争では近衛師団長として出征し、戦後、台湾守備の命令を受けて台湾征討軍の指揮にあたったが、現地で戦病死した。享年四九歳。

発とともに親王は師団長に任命され、戦場に赴きました。日本軍の勝利は、日露戦争のときほどの損失をともないませんでしたが、それでも命を失った兵士の数は少なくなく、すでに指摘したように、そのほとんどが台湾沼沢地での伝染病に倒れたのです。

親王の亡骸《なきがら》を故国へ運んだ船がようやく日本に到着しました。親王の死が知らされたのはそのときで、悲しい知らせが稲妻のように国中を走り抜けました。日本中のすべてが哀悼の意を表しているかのごとくです。新聞の紙面は黒枠に囲まれ、娯楽の類がすべて取りやめになりました。天照大神の真正なる子孫である親王は、仏教とは何のかかわりもなく、古式豊かな神道の儀式に則って埋葬されました。

お葬式に、女性は参列できませんでした。外交官たちの夫人がどのようにして参列することができたのか、私は知りません。私はただ、親友のブラキストン夫人とアメリカ公使の妹さんについていっただけでした。おかしな話ですが、「在日外交官は葬式の場から女性をいっさい排除するという日本のしきたりを守らない」と言って一番厳しく非難していたのが、ほかでもない彼女の兄、アメリカ公使でした。

お葬式の当日、東京中の人間が駆り出されたようです。普段はあまり見かけることのない軍隊が、魔法の杖でも振って出たかのように地上にどっと現れ、斎場までの道を隊列を組んで進んでいきました。歩兵隊、砲兵隊、騎兵隊の列が連綿と続き、尽きることがありませんでした。

全員が、司令官に最後の敬意を表しに来ていたのです。

私たちも、その場に近づきました。あまり高くない細長いテントが、光るほどに白く削られた木で建てられた小さな神道の社［祠］から少し離れて二列に延びていました。祠の中には白い棺が安置されていました。

神道の棺は、私たちの国の棺と同じ形をしています。仏教の棺は幅が狭くて背が高く、亡くなった人は座った姿勢で入れられます。母胎中の胎児の姿勢を真似たものだと言われていますが、それはおそらく、仏教が説く現世を離れた者を待ち受けているという新生を意味するのだろうと思います。

神道は生まれ変わりを信じていませんが、往々にしてこの二つの宗教の世界観は混交しているところがあり、神道が亡くなった人に対してまったく受動的な役割を与えているわけではないことを目のあたりにします。神官たちが、葬式という儀式のなかで魚、肉、野菜などといった大量の食料を運び込み、それを棺の周囲はおろか、その下にまで並べていたのです。

私たちはあるテントの中に入り、最前列の席に案内されました。神道の社の前には、脚のついた大きな花環が立てられていました。その花環の直径は一メートルほどあります。うしろを見ると、かつての大名の子孫たちがいました。維新のときに、国を守るために領地を返還した人たちです。今は、年俸と金モールのついた制服、侯爵とか男爵といった称号に甘んじており、何人かが政府の上院［貴族院］に議席を得ています。

貴族の戦士だったサムライたちは、もっとひどい目に遭っていました。何の補償も得られず、それぞれが何とか生きていくしかなかったのです。これら元大名たちの、厳しく性格の強そうな表情を観察することは大変興味深いことでした。そこには、無理強いされた制度を遺憾に思っているような様子がうかがわれましたが、先祖が何代にもわたって保持してきていた世襲の地位を投げ打ってでも、みんな国のために命を犠牲にするだけの用意があったのです。それほどまでに国を愛し、必要とあれば犠牲もいとわなかったのです。

白装束の神官が社の前に進み出てきました。頭には、羽のついた黒くて上品な帽子を被っています。それは網状の生地でできていたので、食料貯蔵庫でハエよけに使う生地を連想してしまいました。参列者は、全員が厳粛な哀悼の意を表していました。今、死の国に旅立つ親王は人生の最盛期にあった年齢で、まだまだ陛下のためにも国のためにもかなりの仕事ができるはずでした。

二つのテントの間にある長い列を抜けて、親王の正妻が歩み出てきました。日本では哀悼の色である白い装束を着け、手には樒《しきみ》の枝を持っていました。それを、愛し敬っていた夫への最後の挨拶として捧げるのです。彼女は、それを壇の上に置きました。

続いて、頭を垂れてご母堂様が進んできました。子ども時代の何かと危険の多い時期に息子を導き、今は出世した息子が人から大いなる称賛を受けているのを喜んでいた矢先に、息子を亡くしたのです。ご母堂様がこのときにできることと言えばただ一つ、ちっぽけな樒の枝を捧げることだけでした。それから、親王の子どもたちが来ました。父親の支えを失うということがどういうことなのか、まだまだ分からない年齢です。

それにしても、銃を肩に担ぎ、完全装備で行進している埃だらけの兵士たちはいったい誰なのでしょうか。ピカピカに磨き上げられた制服を身に着けて参列していた連隊を背景にして、これらの兵士たちはひときわ目立っていました。そうです、それは親王の戦友たちだったのです。親王のすぐそばに仕え、親王が亡くなった今、その亡骸《なきがら》を台湾から日本まで運び、愛する祖国の地に眠ることができるようにすべく使命を帯びていた兵士たちでした。

この最後の悲しい旅の同伴者に選ばれた彼らは、途中で服を着替えること、顔や手に一滴の水さえ浴びせることが許されていませんでした。自分たちのことなど構わず、ひたすら哀悼すること、それが死者に対する餞《はなむけ》でした。それを見ていた私たちは、沈黙のうちに行進していた兵士たちの上に漂っていた哀惜の念に痛いほど心を打たれ、涙で頬を濡らしました。私たちは、日本人のように自己を抑制する術《すべ》をまだ学んでいませんでした。

親王に近しい人たちが全員、哀悼と死の植物である樒を壇に運んで別れを告げ終わると、長い沈黙が訪れました。すると突然、けたたましい絶望の叫びのような音が響きわたったのです。

それに続いて泣き声が起こり、両手を揉みつつ死体の上に覆い被さるような様子となりました。それが実に生き生きとしていて、まるですぐ目の前で見るがごとくでした。泣き声の真似をこれほど本当らしくされると、聞いているのがつらくなりました。

それから、母親の絶望の叫びに子どもの声とすすり泣きが混じったかと思うと、さらに若者の声、そして最後に男の低い声が続きました。それは親王の父親の声を模したものだったろうと思います。まさに、泣き声とすすり泣きのフーガで、その場にいるのは受難に等しいほど苦しいものでした。大名たちのほうを見てみると、石のような顔が青ざめていました。

ヨーロッパでは、このような場面に出合うことはありません。日本では、赤裸々な真実を目のあたりにさせられます。ショパンの葬送行進曲、ベートーベンでもいい、それを聴けば慰められ、愛する者は光明に包まれた世界に旅立ったのだという淡い望みが与えられます。ところが、ここ日本で出合ったのは、容赦ないリアリズムに支えられた非業な死でした。むき出しにされた死を直視するという勇気は、日本人のほうが私たちヨーロッパ人より勝っているということなのでしょうか。

死に直面するという勇気と同様、日本人は死者を追悼する勇気も持ち合わせています。渡辺男爵の娘であった私の友人［小鹿島夫人］は、故人とは親戚関係にありました。彼女が後日話してくれたことですが、親王の近親者は毎週一度、親王について語り、親王を追憶するためにだけ集まっていたそうです。半年が過ぎてその集まりは二週間に一度となり、やがて回数は徐々に減っていきました。けれども、愛する人を追悼する回忌は何年にもわたって続けられました。

小鹿島夫人はまた、自分が親王の最初の夫人とごく親しかったと話してくれました。親王夫人は夫を深く愛していたあまり、親王の愛妾と同じ家に住むことが耐えられませんでした。日本の上流階級の家では、愛妾の一人を置くことぐらいは当然とされていたのです。夫人がそんなにも敏感だったことに親王は大変驚きましたが、だからといって愛妾を家から出そうとはしませんでした。人の評判もあり、軽々しく見られることを恐れたのでしょう。

夫人は離婚を申し出、それはすぐに許諾されました。親王は簡単に別の妻を迎えることができましたが、一人になる夫人にとっては大変なことでした。日本女性にとって、離婚は消えることのない恥をもたらすからです。彼女はその日、神道の社で樒《しきみ》の枝を捧げる権利をもっていませんでした。けれども、死は全世界の嫉妬を和らげてくれます。

その後、親王の親戚一同、彼の友人たち、戦時下に彼の命令に従った大隊や連隊の兵士たちもみんなことごとく日々の暮らしに戻り、それぞれの職務を果たすようになっていきました。幸いなことに北白川宮は、旅順《りょじゅん》の鉄条網や果てしない満州の戦場で、大隊を血なまぐさい死に陥れることだけは免れたのです。

日清戦争中、近衛師団長として台湾にあった北白川宮能久《よしひさ》親王が病没したのは一〇月二八日である。どのような事情があったのかはつまびらかにしていないが、その遺体が東京まで運ばれ、葬儀が営まれた場所に、ヨハンネは二人のアメリカ婦人とともに参列している。描写には臨場感があり、ヨハンネの感情の高まりも吐露されていて印象に残る記録となっている。

伏見宮家に生まれた能久親王は、幕末維新期という激動の時代を身をもって体験した。ヨハンネはその履歴をいささか不正確に伝えているので、以下に正しておこう。

安政五（一八五八）年に親王宣下していた親王は、一八六七年に輪王寺の門主となったが、戊辰戦争に際しては幕府方についたため、伏見宮への御預《おあずけ》となった。ヨハンネが言うように、殺害を免れ延命したのである。そして、一八六九年に伏見宮家に復帰してドイツに留学し、帰国後の一八七二年に北白川宮を相続した。

斎場でヨハンネの目を引いたのが棺の形である。神道による葬儀は稀《まれ》なことでもあったが、親王の棺はキリスト教の葬式に用いるのと同じく縦長であった。仏教による葬式では、再生を願って遺体を胎児のように丸く屈めさせて棺に入れることをヨハンネはどこかで読んで知っていたが、神道ではそうではないことを目のあたりにしたわけである。

そして、棺の周りに食べ物がどっさりと置かれたことに驚き、それは死後も生き続けてほしいという願いの表れであり、神道は再生こそ信じないが、どこかに仏教との混淆があると思っている。最前列に座っていたヨハンネたちは、こうして神主が執り行った葬儀を逐一見守っていたのである。

まず、親王の妻が樒《しきみ》を持って歩み寄り、それに家族が続く。そして、親王の亡骸を台湾から身なりもかまわずに悲しみのうちに運んできた兵士たち。その姿を見て感動したヨハンネは、こらえきれずに涙を流してしまっている。

しばらくの沈黙があってから、あたりはむせび泣きと号泣に満たされた。再生された音声だったろうが、ベートーベンやショパンの葬送曲といった音楽による間接的な悲しみの表現ではなく、人間の声によるリアルで直接的な感情の発露にヨハンネは度肝を抜かれてしまった。

その後、ヨハンネが小鹿島夫人筆子から聞かされた親王の正妻と愛妾の話が、明治の日本女性の運命として紹介されている。離婚して妻の座を追われていた元正妻も、親王の葬儀に参列することは許されていた。このような細かい描写は、ヨハンネが筆子に話を聞く機会があったからこそ記述できたものであろう。

最後にヨハンネは、北白川宮が旅順の鉄条網と厳寒の満州の戦場を免れたと書いているが、これこそ回想記『日本の思い出』が、まさしく日露戦争が終結したあとに刊行されたものであることを再確認する記述となる。

日本との別れ

三月になり、いよいよ美しい日本を去るときがやって来ました。東洋での生活は、離別を意味していました。子どもたちはヨーロッパで教育を受けなければいけませんし、主人は仕事で日本と中国に縛られています。「国に残してきた」子どもたちをそのままにさせておくわけにもいかず、それでまた長い旅をすることにしました。

汽船が「横浜の」岸壁を離れ、振られるハンカチもやがて視界から消えていきました。日本の海岸線が徐々に海の青に吸い込まれていき、雪に覆われた富士山の頂上が最後の挨拶を送ってきます。それにしても、富士山の頂はなんて素晴らしいのでしょう。太陽の光のなかで、輝くように白い山頂は人を誘い、人を惹き付けます。

秋、東京の新橋駅に行ったときのことを思い出します。

明治期の横浜港大桟橋の様子（長崎大学付属図書館所蔵）

人だかりがすごくて前に進めず、私は回り道を余儀なくされました。そのときに会ったヨーロッパ人が、いったい何があったのか説明してくれました。

二人の老人が、富士山の頂上は一番神に近い所だと言ってそこに留まろうとしましたが、かなりの人数の一隊が力ずくで下山させようとして富士山の頂上に行ったと言います。二人を下ろすために派遣隊が送られたわけです。しかし、この二人の決心を変えさせることはできず、しばらくしてから、今度は二人を無理やり連れ戻すことになったのです。

ところが、事はそう簡単にはいかなかったようです。二人は寒さと飢えが理由で弱っており、動くことができなかったため、雪に覆われている険しい頂上から担ぎ下ろすことになりました。この二人の哀れな老人は夫婦でした。頂上で死なせてあげることはできなかったのですが、神に近づいて命を捧げようとした二人を、人々は

明治期の横浜から見た富士山（長崎大学付属図書館所蔵）

「聖人」と見なして大いに敬っていました。この日の新橋駅は、その二人の姿をひと目見ようと、また触れてみたいという人であふれ返っていたのです。

富士山の姿が視界から消えたと言って、日本をまだ離れたわけではありません。次の日、私たちはまた陸に近づき、大阪湾に入りました。神戸で上陸し、馬車に乗って三つに分かれた有名な滝[5]を見に行きました。

滝壺に架けられた、屋根付きの橋の上に茶屋がありました。そこの外国人用のサロンでは、滝の景色を眺め、お茶とおいしいお菓子を楽しむことができます。歩いてきたあとだったので、そこに座って休みました。

すぐに、誰かが私の背後に座ったことに気が付きました。しばらくして、私は好奇心に逆らうことができずに振り向きました。なんということでしょう。私はゾッとしました！　丸裸の、肌の黒い日本人がそこにいるではありませんか。暑い日だったからでしょうが、自然が与えてくれた衣装のまま、平気で私たちのすぐ隣でお茶を飲んでいるのです。大きな町では通りを裸

明治期に撮られた布引の滝（長崎付属図書館所蔵）

で歩いてはいけないという一八七二年の禁止令が、この小さな町には行き届いていないことを残念に思いました。

大阪湾で碇を上げた船は、その美しさを謳われている「内海」［瀬戸内海］に入りました。大きな二つの島［本州と四国］の山がちな海岸に挟まれ、内海自体にも森に覆われた島々がたくさんあるので、船はその間を縫うようにして進みました。なんて穏やかで微笑ましい景色でしょう。有名な下関の海峡に向かって航海をしているのです。

下関は、日本の歴史において、いつも重要な役割を果たしてきました。船はまさに歴史的背景のなかを走っているのです。中世の日本で、平氏と源氏が血みどろの戦いを繰り広げ、平氏をほぼ壊滅させたのはここではなかったでしょうか。そのあと源氏は鎌倉に移り、そこで将軍となって日本の施政者になったのです。

このときの平氏の頭領がどんな風にして倒れたかについて、本で読んだことを覚えています。まだ年若いその息子が、一族と運命をともにするために平氏の水軍の舟に乗っていました。戦いが激しくなったとき、少年の世話をしていた尼はその子を腕に抱いて、戦いの成り行きを見

(5) 布引の滝。六甲山の麓を流れる生田川の中流に位置し、上流からある、雄滝《おんたき》、夫婦滝《めおとだき》、鼓滝《つつみだき》、雌滝《めんたき》の総称。日光市の華厳滝、那智勝浦町の那智滝とともに三大神滝とされている。

守っていました。そして、頭領が敵の手に落ちたのを見定めて、その息子とともに海に飛び込んだのです。

この戦いが凄惨で血なまぐさいものだったことは、カニの母親の話が物語っています。カニの母親たちは、目撃した場面にことのほか怯えたため、生まれてきたカニの子たちはみな甲羅に平氏か源氏の印を刻まれたということで、下関に棲むカニの子孫は、今でもその印を残しているということです。殺された兵士の魂がカニに宿ったのだ、と言う人もいます。

最近の歴史でも下関は大事な位置を占めています。欧米の船舶に対して日本の港を開港するように要求した連合艦隊が停泊していたのも下関でした。けれども、周辺の領土を有していた長州の領主は、その高圧な要求に憤慨し、単独で連合艦隊を砲撃しだしたのです。

それがどんな事態をもたらすかは、夢にも思っていませんでした。砲弾と爆弾がこの不運な町の上に雨のように浴びせられ、恐ろしい爆発が町中に破壊と不幸をもたらしたのです。やがて日本では内乱が勃発し、それは一八六八年に国を欧米化することによってようやく終わったのです。

狭い海峡を抜け、そこから広い海に出るのですが、船は西南の方向に進路をとって長崎に向かいます。その途中で船に石炭を積むことになり、日本の民衆生活の一端をかいま見ることができました。

石炭を積んだ平底舟と、青い服に身をまとまった男女を乗せたボートが何艘か汽船に近づいてきます。荷物をしまい、［船側の］のぞき窓とドアを閉め、甲板には上がっていかないように言われました。けれども、のぞき窓から石炭積みの様子をうかがうことができます。

小柄で機敏な男たちが、平底舟から汽船に架けわたされたかなり急な足場の上に、一・五アーレン［一・三メートル］ぐらいの間隔で立ち並んでいます。石炭の入った籠が、陽気な笑い声のなか、手から手へと驚くべき早さで渡されていきます。空になった籠は集められてボートに下ろされ、平底舟に運ばれてまた石炭が詰められて手から手へと渡されます。平底舟の上もにぎやかで、誰かが隣の人にあやまってぶつかって相手が海に落ちたりすると、みんなで大喜びしていました。落とされた人は、水を浴びて少しはきれいになって上がってきます。ほかの人たちは、みんな煙突掃除人のように黒くなっていました。

明治期の門司港での石炭の積み込みの様子（長崎大学付属図書館所蔵）

私はその場面を見て、日本人について言われていたこと、つまり「社会の階級の上層にあればあるほど、女性の地位の抑圧は厳しい」という言葉を思い出していました。目の前にいたのは、階級の一番下層にいた人々でしたが、そこでは女性の地位は男性とまったく平等で、和やかな同胞関係にあるという揺るぎない印象を受けました。

船室に四、五時間も閉じ込められ、長く感じられましたが、船外での石炭積みも終わってしまったようです。眺めている間に、仕事をしていた人たちの半分ぐらいが海に落とされていました。もちろん、男女ともにです。面白い遊びとして受け取られていたようで、やられたほうも見物人も大笑いをしていました。この陽気な一団は、最後に籠を集めて漕ぎ去っていきました。平底舟にまた石炭が積まれれば、今度は別の船で遊びを繰り返すことでしょう。

船は碇を上げて長崎に向かいました。長崎は、入り口の狭い、魅惑的とも言えるほど美しい湾の奥にあります。湾への入り口のすぐ北側に、丸い岬［島］があるのに気付きました。それはパッペンベルグ（Pfaffenberg・高鉾島）という悪名高い岬［島］で、有馬氏が統治する四万人ものキリスト教徒が逃げ込んでいた町が陥落したとき、何千人もの迫害されていた者たちがそこから海に投げ込まれたのです。

残された者たちも、みな痛ましい死に方をしています。多くの者が俵に入れられ、それを積み重ねてできた大きな山に火をつけられています。ほかの者は小さな檻に入れられ、身体を曲げて閉じ込められたまま飢え死にしました。それ以外にも、二頭の暴れ馬の間につながれてバラバラにされたということもあります。いずれも仏教徒の僧侶が思いついた拷問で、このような方法でキリスト教に復讐をしたのです。

オランダ人が提供した四〇〇にも及ぶ大砲が、「天草で」カトリック教を粉砕する助けになりました。当時、ポルトガル人が最新技術で有馬氏の防衛に手を貸していたので、「プロテスタントの」オランダ人の援助があったのも当然だったと言えます。極東において、ヨーロッパでの宗教戦争の続編が行われていたのです。

周知のようにオランダ人は、そのご褒美として、日本が二五〇年にわたって鎖国していた間、欧米唯一の国として日本への寄港が許され、出島において貿易をしていました。そしてそれが、ヨーロッパへ「ジャポニカ」という名前でもたらされた数多くの美しい花の

長崎港に入る目印となった高鉾島（写真中央・明治期）（長崎付属図書館所蔵）

起源になったのです。これらの輸出品の裏に血なまぐさい事件があったことなど、人々は考えたことさえありません。

この素敵な長崎にも私たちの船は一日停泊し、観光することができました。外国人士官に何人も会いましたが、その人たちの軍艦も長崎港に入っていました。

再び碇が上げられ、狭い航路を抜けて広い海に出ます。そこで、この国と最後のお別れをしました。そこからどれほど遠くまで離れていこうが、心はいつも日本に残ります。揚子江の河口に向けて航海する船の舳先で、新鮮な海の水が飛沫を上げています。けれども、その四日間、目を楽しませてくれるものが何もなかったので、同船していた乗客に関心を向けるようになりました。

退屈することはありませんでした。ちょうどそのころ、今のロシア皇帝(6)がモスクワで戴冠することになり、在東京のロシア公使［ヒトロヴォ］は多くの士官と外交官を引き連れて式典に出席しなければなりませんでした。もちろん、ミカド［天皇］も名代を送らなければなりませんでしたから、親王［伏見宮殿下］が派遣されました。この親王、お気の毒にもとても歯痛で苦しんでいらっしゃって、船室から出てくることはまずありませんでした。一度だけ、タオルを頭に巻いて立ってらっしゃるところをドアのそばで見かけただけです。

そのため、お付きの日本人たちは気が楽だったようです。その人たちは、以前ロシアに滞在したことがあり、言葉ができるので選ばれたということでした。ともに大勢の団体であった日本人とロシア人は、［当時においては］この世で最高の友人同士でした。

ミカドは、新しいロシア皇帝に向けてお祝いを送るだけの理由がありました。両者は、以前に面会したことがあったのです。ニコライ二世が皇太子時代、甥のギリシア皇太子ゲオルグとともに日本を訪れたときのことはまだ記憶に新しいことです。外国嫌いの警察官だった日本人の男が、皇太子に向けて刀を振り回したのです。(7) もしも、ゲオルグ皇太子が割って入らなかったならば、今のロシアの歴史はすっかり別のものになっていたはずです。それとも、この外国嫌いの日本人は、ロシア皇太子がどれほどの血を祖国に流させることになるのかを予言していたとでもいうのでしょうか。

それはともかく、外界から遮断されていたミカドが事件のことを知って動きました。事件のあと、宮殿にじっと座ったままではいられなかったのです。前代未聞のことが起こりました。

---

(6) (НиколайⅡ・一八六八〜一九一八) ニコライ二世。ロマノフ朝第一四代にして最後の皇帝。在位：一八九四〜一九一七。

(7) 大津事件。一八九一年五月一一日、大津に入って琵琶湖や唐崎神社を見学したニコライ二世は、人力車に乗って大津から京都へ戻る際、滋賀県警察部所属の警察官津田三蔵巡査にサーベルで斬りかかられ、右耳上部を負傷した。

ロシア皇太子が襲撃されたことに対して謝罪をするために、ミカドが皇太子を訪れたのです。その後、何年にもわたって両国は素晴らしい関係を築くことになりました。

上海で私は、ロシア人ならびに日本人の乗客に別れを告げました。みんなはそのままヨーロッパに向かったのですが、私は中国税関に勤めていた長男［テオドー］が休暇の許可を取り付けるまで待たなくてはならなかったのです。

一四日後、長男と、日本から到着したばかりの一番下の息子と一緒に上海を出発しました。今度の乗客は、日本人ではなく中国人でした。その人たちも、モスクワの戴冠式に行くことになっていました。戦争が終わったばかりなので、さすがに日本人と一緒に旅をさせるわけにはいかなかったのでしょう。

中国も、戴冠式には大勢の代表を送っていました。その中心にいたのが副王李鴻章《りこうしょう》(8)で、フランスの海軍基地サイゴンをはじめとして、行く先々で尊敬の的となっていました。ポートサイード(9)に着くと、副王とその従者を迎えるためにオデッサ(10)から汽船が来ていました。それが、モスクワへの最短の道だったのです。

李鴻章に別れを告げることで、私と極東を結んでいた最後の糸が切れてしまいました。やがて、汽船は地中海の海域に入っていきました。ヨーロッパの空気が私たちを迎え、朝焼けの国で味わってきた冒険も終わりを告げることになりました。

一八九六年三月に日本を後にしたヨハンネは、娘マルナを夫のもとに残して旅立っているのだが、どういうわけか、そのことにはひと言も触れていない。マルナは、その後二年にわたってバルタサーとともに東京に留まっている。ヨハンネは、バルタサーが中国とも仕事の面で関係があったように書いているが、日清戦争後は日本だけが販売先であった。

ヨハンネは横浜港で乗船し、頂上が雪に覆われていた富士山に別れを告げる。富士山を讃えたのは、もちろんヨハンネだけではないが、その美しさはこのようにして何度も繰り返されることになる。

日本女性の生活ぶりを観察していたヨハンネは、その視線も鋭くユニークなものであったが、瀬戸内海を航海するにあたってはごく普通の旅行者になったようだ。源平の壇ノ浦の戦いの話や、一八六四年八月の四国艦隊（イギリス・フランス・オランダ・アメリカ）の下関砲撃事件の話といった誘惑には勝てなかったようである。

しかし、門司港で、汽船が石炭を積み込む場面の観察はまたしてもヨハンネらしくなり、興味

---

(8)（一八二三～一九〇一）中国清代の政治家。日清戦争の講和条約である下関条約では清国の全権大使となり、調印を行っている。
(9)　エジプトの北東部、スエズ運河の北端にある都市。
(10)　ウクライナ南部、黒海に面した港湾都市。

深いものとなっている。多くの旅行記では、その作業効率のよさをほめる言葉で終わってしまうものだが、ヨハンネの場合は、その作業に携わっている陽気で黒く汚れている人々が、男性だけではなく女性も混じっていることを発見している。女たちは、男とまったく同じように振る舞っていたのだ。ヨハンネの記述を再掲しておこう。

私はその場面を見て、日本人について言われていたこと、つまり「社会の階級の上層にあればあるほど、女性の地位の抑圧はきびしい」という言葉を思い出していました。目の前にいたのは、階級の一番下層にいた人々でしたが、そこでは女性の地位は男性とまったく平等で、和やかな同胞関係にあるという揺るぎない印象を受けました。

社会の上層に属していた日本女性が厳しく差別を受けていたという話は、おそらく小鹿島夫人の筆子から聞くなり、筆子本人の生き方を端から見るなりして受けた印象であろう。回想記『日本の思い出』の全編を通じてヨハンネは、さまざまな状況や形で不幸な人生を送っていた日本女性の運命を記述してきた。日本を去るにあたって、煙突掃除夫のように黒くなって肉体労働をしていた女たちに門司港で出会えたことは、ある意味で、ヨハンネにとっては心の軽くなる体験だったのかもしれない。女たちは決して男たちに負けてはおらず、何よりもそこには笑いがあって、男たちとともに生き生きと働いていたのだ。

太平洋を背景にした熱海の町を見てヨハンネは、「人は第一印象に強く影響される」と書いていたが、同様に門司港の石炭運びの女たちの印象は、ヨハンネが帰国後に深くかかわっていくことになる婦人問題において、ある決定的な刻印を深く留めることになったにちがいない。男女が平等でありうるというイメージを、机上の空論ではなく現実に目撃したものとして、しかもとってつけたような平等ではなく、ごく自然でおおらかな平等として、それはすでに実現しているという印象を抱いていたのであろう。

オランダ人に「パッペンベルグ」と呼ばれていた高鉾島と神ノ島の「岬」をヨハンネは取り違えているが、ここでもキリスト教信者の殉教の話をせざるを得なかったようである。けれども、天草の反乱の鎮圧とも関連して、ポルトガルとオランダとの間で宗教戦争が舞台裏で行われていたことを見逃してはいない。そして、オランダ貿易のおかげで、ヨーロッパにたくさんの美しい草木が、学名の一部に「ジャポニカ」という呼称をつけて輸入されていたことも忘れず付け加えている。

長崎から上海に向かった船には、モスクワで行われるロシア皇帝ニコライ二世の戴冠式に出席するロシア人と日本人の一団が乗り合わせていた。ニコライ二世の母マリア・フョドロヴァはデンマーク王女のダウマーだったし、同船していたロシア公使ヒトロヴォにも東京や日光で会っていたヨハンネにとっては、好ましい旅の道連れであったことだろう。そして、日本側は天皇の名代として伏見宮貞愛《さだなる》親王（一八五八～一九二三）が乗船していた。

上海でいったん下船したヨハンネは、二週間後に休暇許可の下りた長男のテオドーと、日本から到着した末息子のアレクサンダーと一緒に別の船で再びヨーロッパに向かった。途中、サイゴンで停泊したこの船には、同じくモスクワの戴冠式に出席する中国の代表団が乗船していた。日清戦争後だったために船を替えていた中国だったが、その団長は李鴻章《りこうしょう》だった。

李鴻章は、日清戦争前にアームストロング社の武器を中国に売ろうとしていたバルタサーをさんざん悩ませていた人物であるが、ヨハンネにとっては東洋のシンボルであった。そのため、ポートサイードで中国の代表団が下船した時点で、東洋との直接の絆が切れてしまったという表現をしている。

残されたのは、よい思い出と温かい友情、そして書物だった。

第7章

筆子の打ち明け話

——親密の時

いよいよこの章では、ヨハンネと筆子が、虎ノ門にあった家でしみじみと二人きりで語り合ったときの記述を紹介していくことにする。本書の冒頭でいくつか謎めいたことを書いたわけだが、そのヴェールをここで取り除き、従来の筆子に関する書物では書かれていない事実をいくつか明らかにしていきたい。

ただし、この文章も、「幕間」、「女中ハナ」の章と同様に実在の人物を扱っているため、多少の脚色が施されていることをあらかじめ指摘しておく。詳しくはのちに解説することにして、まずは本文をお読みいただきたい。

親密の時

時計が七時を告げましたが、私の女友達は、六時半に招かれている夕食にまだやって来ません。もう、三〇分も待っているというのに……。

やっとドアが開き、素晴らしい姿が部屋にすべり込んできました。白っぽい黄色の着物に、純白の足袋。スープはすでに冷め、煮魚も崩れてしまっていましたが、彼女が姿を現すや、私たち全員は見とれてしまいました。

ただ不思議でならなかったのは、普段は正確さの権化のような彼女が、夕食に招かれるといつも三〇分ほど遅れてくることでした。夜会ではその程度の余裕は与えられているので、それがヨーロッパの習慣だと思い込んでいるのか、もしくはその時間帯に客人の来ることがたびたびあり、日本の礼儀上、客人を追い払うことができなかったのかの、どちらかだったのでしょう。

でも、来てくれてよかった——彼女の柔らかいオリーヴ色の肌、黒い瞳と弧を描く眉、素敵な鼻と艶やかに巻き上げられた髪を眺めることは、まさに至福のときでした。どこにでも見かける人形のような紅白の化粧に比べて、彼女の美しさは群を抜いていました。小鹿島夫人にあっては、すべてを信頼することができる人で、真実そのものでした。

小鹿島夫人は過酷な運命を抱えていました——子どもが二人いましたが、どちらも知的障害児でした。夫を結婚後一〇年で亡くしているのですが、その間はほとんど病床にあったようです。夫の忠実なる看護婦であった彼女は、過去現在を問わず、「女の貴く正しい行い」を説いた本のなかに名前が刻まれているのではないかと思うぐらい献身的な人でした。それは世間に広く評価されていて、「小鹿島夫人の友達だ」と聞くだけで、日本人はみな優しい視線を送ってくれるほどでした。

彼女は、身の上話をすると約束してくれていました。夕食後、ランプが点され、暖炉で薪木が音を立てて燃えている美しい居間で二人きりになったとき、私たちはお互いに、そのときが来た、今しかない、と思わず感じたのです。そして、彼女は話をはじめました。

「九歳のとき、私は婚約をさせられました。お隣の家の、少々年上の息子さんでした。両親の望みでしたけれど、私はそれがどんなことを意味するのか、当然のことながら何も分かりませんでした」

——そこでしばらくためらってから、彼女は先を続けました。

「一九歳になったとき、天皇陛下の下命《かめい》でブリュッセルとパリに送られ、ヨーロッパの少女と同じように語学などのさまざまな教育を受けました。ブリュッセルに二年いて、西洋人の考え方などを学びました。そこでいきなり婚約のことが頭に浮かび、いたいけない女の子が一生にかかわる約束をさせられるということは、なんて乱暴なことだろうと気が付きました。娘が成長して大人になったとき、そんな約束など嫌で仕方がないと思うと考えたからです。日本にずっといたのなら、そんな考えなど、私は怖くて思ってみたりすることもなかったでしょうし、口に出したりすることはまずなかったでしょう。けれども、外国で暮らして私は、日本がヨーロッパをお手本にするのなら、日本の若い女性にも、ヨーロッパの娘さんたちと同じく、自分のことは自分で決める権利を与えるべきだと思いました。そこで、私は母に手紙を書きました」

親愛なるお母様。何を差しおいても、私の名前で若い小鹿島さんにされている婚約を解いていただけるよう尽力してください。私は彼を存じ上げませんし、彼のことは何も知りません。そんな、同情のひとかけらさえ分かち合えるかどうかも分からない人に嫁がされてしまいたくありません。お母様、そんなこと、私には決してできません。力を貸してください。

お隣の方々に悪くとられたりしないような形で、その旨を伝えてください。私の幸も不幸も、みなその一事にかかっているのですから。情けだと思って助けてください。お返事をいただけるまで、緊張のあまり病気になりそうです。この苦痛から、できるだけ早く解き放ってください。

この手紙の内容からうすうす察せられるように、若き渡辺男爵令嬢（それが小鹿島夫人の結婚前の名前でした）は、ベルギー公使館に勤める若い日本人の男性と恋仲になっていました。そして、おそらくその男性が促すまま母親に手紙を書いたのだろうと思われます。日本の若い女性は極めて臆病で、自らの手でそんな［婚約解消などという］大それたことを行ったりはしません（このことは、日本での共通の知人から聞いたことで、彼女の口から出たものではありません）。

小鹿島夫人はなおも続けました。

「母から受け取った手紙はごく短いもので、『好きなようになさい』と書かれてました」

小鹿島さんのお父様が亡くなり、お金持ちでいらっしゃったのが、今はすっかり落ちぶれています。おまけに、お若い小鹿島さんはご病気です。そんな折に、あなたの言づてを届けるようなことは私にはとてもできません。許してください。そんな真似、私にはできかねます。家に戻ってきたときに、あなたの決心をご自分でお隣に伝えるべきだと思います。

そこで、小鹿島夫人は大きなため息をつきました。まるで、胸に何か重いものが覆い被さっているかのようでした。

「それでどうなったの？」と、私は訊いてみました。

「どうなったと言われても、正直言って私にも、病気で、おまけに落ちぶれている人のところへそんな話をもっていくことなどできませんでした」

「それで、あなたはどうしたのですか？」

「船で横浜へ着くと、母が迎えに来ていました。そして、決心はついているのかと聞かれました。『できてます』と答えると、『どんな決心なの？』と尋ねられ、『昔の取り決めどおりにします』と言ったら、母はとても喜んで、泣きながら私を抱きしめました」

「お母様は、どうしてそんなに喜んだの？」

「私のしたことが正しいと思ったからでしょうね」

「それであなたは今、そのことについてどう思っているのですか？」

　彼女は表情を曇らせて答えてくれました。

「犠牲だったと思います。重すぎたし、元々すべきではなかった犠牲です」

　そこで、しばし間があってから彼女は続けて、「キリスト教徒になっていなかったら、生き続けることなどできなかったと思います」と言いました。


　あとで聞いたことですが、彼女の亡父の友人である某大臣が、彼女がヨーロッパから帰国した折に、皇后陛下のもとで宮仕えをするという職を提供したそうです。留意すべきことは、そのような職には亡父の娘としてのみ就くことができ、地位の低い小鹿島と結婚してからはできないということです。彼女は、そのときにはもう犠牲を払う覚悟を決めていました。そこで、好意的な職の提供を断ってしまいました。それは、あまり魅力的でない結婚から彼女を救い出す唯一の手段であった思うのですが……。

お気の毒な小鹿島夫人！　彼女は四六時中、注意に注意を重ねて病気の子どもたちのことを隠していました。誰の目にも触れさせないようにしていたのです。

　のちに噂で聞いたことですが、子どもの一人が亡くなり、小鹿島夫人は知的障害児のための施設を日本に設立することを生涯の仕事に定めたと言います。日本政府は、二、三年前に彼女をアメリカに送って学校制度の最新の改善策を学ばせ、同様の政策を日本にも導入できるかどうか調査させたと言います。

　これを見ても、彼女がいかに優秀な人物であるかが分かります。彼女にとって苦しみだったことが、一転して、ほかの人たちの役に立っているのです。小ぢんまりした家に収まって、幸福な妻であり母親になれていたにもかかわらず、彼女は今、全国民を自らの兄弟姉妹とし、生涯の仕事として自らの人生を捧げています。


先に紹介した茶会は筆子の家で行われたが、ここではヨハンネの虎ノ門の家に移り、筆子の身の上話がしんみりとヨハンネに語られている。ヨハンネのような心の友にしか打ち明けなかったたであろう内容であった。それはまた、資料がなかったことから従来の筆子研究の書にはいっさい言及されていない事柄であるので、少し詳しく説明を加えておくことにする。

打ち明け話があったのが一八九五年、ヨハンネが回想記を執筆したのは一九〇五年であるから、一〇年前の出来事を再現していたことになる。年月を経ていたにもかかわらず、会話を復元するなどして筆子の語りを物語化している部分があるほか、多少ドラマチックな改変もされているが、エピソードの核心はきちんと捉えられているように思う。

招かれた夕食に遅刻してきたとはいえ、美しい和服に身を包んで姿を現した筆子は、「艶やか」のひと言につきる美貌であった。ヨハンネのほれぼれとした言葉がそれを活写している。それまでは、知的障害のある二人の娘を抱えた若き未亡人で、校長先生という程度のことしか知らなかった筆子が、その晩はヨハンネの前で心を開き、しっとりと身の上話をした。

女性同士の「親密」な会話であったから、ヨハンネもおそらく自分の結婚生活について語り、出張ばかりしていた夫バルタサーのことや、一一人の子どもを産み、そのうちの八人をほとんど一人で育てた苦労、そして三人の子どもを亡くした悲しみなどについても筆子に聞かせていたと思われるが、それはいっさい記されていない。

当時、筆子は話題の人であった。華族女学校にかかわるかたわら静修女学校の校長として女子教育に携わり、大日本婦人教育会を通じて婦人教育問題にも積極的に取り組んでいた。そうした方面の活動に焦点をあわせて従来の筆子関連書などは執筆されているわけだが、そのなかに少女時代の筆子の描写はあっても、ヨーロッパ留学中の筆子の動静はほとんど語られていない。このような背景を考慮したとき、ヨハンネの再現した筆子の打ち明け話は貴重な証言であると言える。

ほかに記録がないという点において、ヨハンネの記述が信用できないと主張する根拠はまったくない。厳密に言えば、肯定も否定もできないわけだが、筆子とヨハンネの間に生まれた友情の緊密さと、それが長く持続されてきたという事実だけを見ても、「親密の時」の信憑性は確保されていると言える。

ヨハンネと出会うまでの筆子の生涯についてはすでに記述したとおりだが、それを追うような形でもう一度、筆子がヨハンネにした打ち明け話を詳しく見ていきたい。

筆子は九歳のとき、お隣の小鹿島家の長男と、どういう意味なのかも分からぬままに両親の判断で婚約させられた。そして一八八〇年、一九歳のときに天皇陛下の下命でブリュッセルとパリに語学などを学ぶために留学し、ブリュッセルに二年ほど滞在して、西洋のものの考え方を学んだ。

筆子関係の本では、その間の事情を説明するにあたって、「フランスとオランダに留学した」、「フランス語を学ぶために留学した」、「パリに留学した」など、間接的に得られた情報に解釈を加えたと思われるような単純な表記がなされているのだが、実際は、本書ですでに指摘してきた点をまとめて言えば、筆子はオランダ公使長岡護美《もりよし》に同行してフランス語を学ぶために留学し、拠点はオランダ公使館のあったハーグで、パリへ行ったこともあるが、フランス語を学んだのは主にハーグから近かったベルギーのブリュッセルに滞在していたときだったということになるだろう。

ヨハンネは回想記の「東京での交遊」という章で、筆子がブリュッセルとパリで学んできたことにすでに言及しているが、その延長にある「親密の時」という章でヨハンネが書き残している「筆子がブリュッセルに二年滞在していた」という記録は信頼に値するものである。

ここでピエール・ロティが「江戸の舞踏会」で次のように書いていたのを思い出していただきたい（一四～一五ページ参照）。

（前略）そうしてその婦人は、立ったまま、女らしい容姿（すがた）を大きな薔薇形の紋章のついた硬い着物の中に隠したまま、眠りからでも醒めたように不意に大きく見ひらいた、ぱっちりとした、漆黒の、悧巧そうな美しい眼で私を見詰める。

――ムッシュウ、妙な特別なアクセントのフランス語で彼女は言う、――ムッシュウ、あなたはあの方に何をお願いでございますか？

――御一しょに踊る光栄を。マダム。

たちまちその薄い柳眉は逆立って、次には愕きのあらゆる色が、眼差の中を掠め去る。それから、彼女はその頭の大きな黒い衝立（エクラン）を、例のお方の方へ屈め、私のお願いした驚くべきことを御通訳申し上げる。——おや、御微笑が、——そうして、二人の不思議な二対の眼が私の方へ向けられる。私の図々しさにもかかわらず、たいそう慇懃にたいそうもの優しく、あのフランス語をしゃべる婦人は、お礼を述べて、お連れの方は彼女以上に、われわれの新しい舞踏を御存じないのだと説明する。(中略)私は宮中のご挨拶として、今はただ深く身を屈めるばかりである。黒髪の二つの大きな衝立も、優しい微笑を湛え、さらさらと絹の摺れる音を立てて、お辞儀をなされる。——こうして私はさんざんの態で引き下がったのである。その声音とその眼の表情とが私を魅了したところのあの通訳の御婦人と、これ以上会話を続けることが出来ないのを残念に思いながら。

この和服礼装の通訳の婦人は、「妙な特別なアクセントのフランス語で」応対していたわけである。今度は『観菊御宴』から再び引用してみよう(一六～一八ページ参照)。

陛下と並んで、最前列をほとんど陛下と同じような衣装をした通訳ニエマ嬢(mademoisselle Niхéma)が歩いてゆく。彼女こそかつて私がさる舞踏会で、とある貴婦人に舞踏を申し込んだとき、私に妙に固苦しいフランス語で応答したことのあるその人である。ところが、その彼女が、今日は実に生き生きとした表情をしている。彼女はその輝かしい知

的な眼を、招待客の上に、右に左に働かせている。（中略）
　上品な御通訳、「ニエマ嬢」は、食事の間に、この御宴に招かれた四、五人のヨーロッパの夫人たち（フランス、イギリス、ドイツ、ベルギー、ロシアの各公使夫人）を代る代る御座所の前に案内しに差し遣わされる。公使夫人らは　陛下がほとんど聞き取れぬ位のお声で御下問を賜る間ほんのちょっと陛下のおそばにかしこまる。
「ニエマ嬢」は　陛下の御言葉を、特徴のある妙なアクセントのフランス語に翻訳する。

　ここでも、通訳の婦人であるニエマ嬢は、「特徴のある妙なアクセントのフランス語」を駆使して皇后のお手伝いをしていた。この婦人が筆子であったことは暗示したとおりだが、その決め手は、まさに「アクセントのあるフランス語」であった。筆子が日本人で、そのフランス語に訛があったということではない。そうだったとすれば、ロティの表現は別のものになっていたはずである。

　筆子は何の不自由もなくフランス語を操っていたのだ。それでもなお、ロティの耳にはアクセントが聞き取れた。

　もうお気付きの読者がいると思うが、筆子はベルギーでフランス語を学んでいたため、アクセントに特徴のあるフランス語を話していたのだ。つまり、ロティの記録が、ヨハンネの「親密の時」のなかに書かれている、筆子が二年間ブリュッセルに滞在していたという事実を裏付けることになる。また、一八八五年にロティが鹿鳴館と観菊会で出会った素晴らしい日本婦人が筆子だった、と確信することができるのである。

蛇足になるが、ベルギーではオランダに近い北部のフランデレン地域ではオランダ語が話され、南部ワロン地域ではフランス語が話されている。首都のブリュッセルはその中間にあって、オランダ語とフランス語の両方が話されている。

さらに補足しておくと、これもすでに引用したことだが、ベルツ博士は、さる舞踏会で出会った筆子が「英・仏・オランダ語を流暢に話し」ていた、と賞賛の言葉を日記に書き綴っている。英語とフランス語だけではなく、オランダ語も堪能であったことを留意しておこう。

いささか脱線してしまったが、日本にもこんな素晴らしい人がいる、とロティの日本女性観を改めさせたのが筆子であった。一一月の観菊宴で皇后の通訳を務め、見事に欧米人の客人と対峙していた筆子に、ロティは完全に舌を巻いたわけである。まさに国際人に成長していた筆子はすでに結婚しており、翌年の六月に長女幸子を出産している。

少し話を進めすぎた。再び、ヨハンネの記述に戻ることにする。

筆子はブリュッセル滞在中に、出発前に仮祝言までさせられていた婚約という不条理に耐えられなくなった。日本が西洋を手本とするのなら、日本の娘たちも西洋の娘たちと同様に、自分のことは自分で決める権利が与えられても当然ではないかと考えた筆子は、婚約解消を告げてくれるよう母親に手紙を書いている。

ヨハンネはその手紙を再現しているわけだが、それはもちろん、筆子の話をもとにヨハンネがまとめたものである。そして、それとの関連で、留学時代の筆子が「ベルギー公使館」に勤める若い日本人の男性と恋仲になっていたことが明かされている。その日本人男性とは、いったい誰であったのだろうか。

「ベルギー公使館」、正確には「在ベルギー日本公使館」というものは、実は存在していない。当時は、オランダ公使の長岡護美《もりよし》がベルギー、デンマーク、スウェーデン公使を兼任していたからである。

ヨハンネの言う「ベルギー公使館」が在ハーグの日本公使館だったとすると、外務省の記録『改正館員録』（一八八〇年）によると、同館には当時、長岡公使のほかに一等書記官中野健明（一八四四～一八九八）、三等書記官加藤増雄（一八五三～一九二二）、鈴木成章（生没年不詳）、吉田要作（一八五〇～一九二七）がいた。さらに中野の従者として、筆子とともに中野と同じく長崎県出身の石尾一郎介（一八六三～？）の名前が館員録には載っており、長岡公使の従者として白勢和一郎（生没年不詳）も同行していた。

生年が不明の中野は、デンマークの記録では名前が「Tateaki」となっているので、「健明」ではなく「建明」だった可能性があるが、それはともかくとして、帰国後に長崎県知事を一八九〇年から務めたほか、一八九三年からは神奈川県知事を務め、旧知の間柄であった筆子を援助していたことが知られている。

加藤はのちに韓国で外交官として活躍し、一八九八年から公使を務めていた。また、白勢は『泰西烈女伝』（一八七六年）という翻訳書で知られており、石尾は語学研修のために一八八〇年に渡仏し、筆子と同じく一八八二年に帰国している。現在までのところ、それ以上のことは明らかになっておらず、これらの日本人男性と筆子との関係は不明のままである。

さて、筆子は母親から、「好きなようになさい。（中略）家に戻ってきたときに、あなたの決心をご自分でお隣に伝えるべきだと思います」という返事を受け取っている。その後の成り行きを、ヨハンネは筆子との会話の形で伝えているわけだが、この部分の直接語法の使用は劇的な効果を生み出している。そして、帰国した筆子は、横浜まで迎えに来た母親に昔の取り決めどおりにすることを約束して、自らの権利を放棄したとある。

ところが、ここの記述には誤りがある。筆子の母親であるゲンは、筆子が滞欧中に亡くなっているのである。したがって、筆子が母親と横浜で再会したというのは、ヨハンネの記憶違いでなければ、ストーリーをドラマチックに仕立てるための脚色であったことになる。

誰が横浜まで迎えに来ていたにせよ、筆子の決心が変わることはなかった。ヨハンネの問いに答えて筆子は、暗い表情で、自分の決心が犠牲であったこと、その苦しみを乗り越えるためにはキリスト教徒としての信仰が必要だったことを告白している。

筆子の信仰は、自らの信念に逆らって犠牲の結婚をした悔恨に対してだけ必要であったわけではない。その後筆子は、当時は誰も夢にも思っていなかった運命のいたずらに次々と襲われることになる。そうした試練にも似た不運の連続を生き延びるためにも、信仰が必要だったのだ。

筆子にとってはあまり幸せそうではなかった結婚から逃れるための一つの道として、筆子を宮仕えに出そうとする計画があったようだが、筆子はそれを断って、あえて小鹿島夫人になっている。二三歳のときである。そして、病弱の夫、果《はたす》との間に三人の娘をもうけるのだが、長女、三女はいずれも知的障害児で、次女は生後間もなく亡くなっている。それを筆子は、人の目から隠していたのだ。

そして、一八九二年に夫が亡くなったあとは、身の周りの不幸を振り切ろうとでもするかのように、精力的に女子教育と婦人教育の仕事に没頭している。ヨハンネは筆子の結婚生活が一〇年続いたと書いているが、それは誤りで八年だけであった。つまり、三一歳の若さで未亡人になっていたわけである。

病床にあった夫を看病する姿が美談として伝えられているが、夫にかぎらず、筆子はもっぱら他人に尽くす人であった。女子教育にも、婦人教育にも、筆子は献身的であった。その姿を見てヨハンネは、多忙にもかかわらず自分の相手をして案内してくれる筆子に、感謝するだけではなく感銘していた。そして、その背後にあった不幸を乗り越えていく活力の源泉を、打ち明け話を通して知ったわけである。心おきなく語れるヨハンネに対して、筆子は自らの行為を正直に「犠牲」と呼んでいた。

ヨハンネは、ずっと年下だった筆子の生きざまに感心していただけでなく、筆子が目指していた女子教育と婦人の自立への闘いの大切さを静かに学んでいた。普通なら西洋人の女性が日本女性に影響を与えるというのが常套であった時代に、世界に向かって開いた活動をしつつあった筆子が、北欧の年上の女性を発奮させ、家庭の主婦という立場から、婦人の自立の指標である婦人参政権運動に参加するように暗黙のうちに仕向けていたわけである。この点は、特筆しておく価値がある。

最後にヨハンネは、「噂」で聞いた筆子の消息を記しているが、それについては次章で詳しく見ていくことにする。

第8章

その後の筆子

滝乃川学園

石井亮一[1]が一八九一年の暮れに設立した聖三一孤女学院[2]は、一八九七年に「滝乃川学園」と名称を変え、知的障害のある子どもたちを預かる教育機関として再出発している。筆子は長女幸子を学園に託すことを決め、そうすることで学園とともに石井亮一と深くかかわるようになっていったわけだが、学園では知的障害児を教育する以外にも看護人を育てるといった研修も行っていたことから、筆子はその分野での責任者になることを引き受けている。

結果論として言えることだが、滝乃川学園は聖三一孤女学院が発展的に継続した形になっているが、実際には、知的障害のある幸子を抱え

滝乃川学園石井亮一・筆子記念館（2014年撮影。写真提供：同館）

ていた筆子の存在と、筆子の切実な要望があってこそ新たに出発したものだと思われる。

一八九八年に筆子は三女を亡くすという不幸に見舞われたが、その直後、アメリカ・コロラド州デンヴァーで開かれる第四回国際婦人集会に、津田梅子とともに日本代表として出席する話がもちあがった。初めは躊躇した筆子であったが、皇后陛下のお言葉と旅費を拝受するにいたって出席を承知している。

六月に横浜を出港し、太平洋を越えてタコマ（Tacoma）に着き、そこからは鉄道を利用してソートレーク経由でデンヴァーに向かった。国際会議では、筆子も梅子も和服姿で演説したことが理由か、大好評であった。

アメリカ滞在中に筆子は、シカゴをはじめとして、各種の学校、とくに孤児や障害児、老人を預かっている教育機関を訪問した。また、ニューヨーク郊外のフィルモン（Philmont）では恩師のブランシェット夫人（二四ページ参照）に再会し、そこで知的障害児教育の方法を学ぶために

（1）ｉページの注を参照。

（2）創立当初は、東京市下谷区西黒門町（現・台東区上野一丁目）の荻野吟子（近代日本最初の国家公認女医）宅に開設した、少女の孤児を対象とした女子教育施設であった。濃尾大地震の際、多数の孤児が発生し、その中の年端のいかぬ少女たちが売春目的に取引されている実状を耳にした石井がこの問題を憂慮し、現地に駆けつけ、二〇余名の少女孤児を引き取って保護したことが起源。

滞米中だった石井亮一に出会った。

そして一〇月になると、梅子、筆子、亮一の三人は、ワシントンで開催された聖公会教会の総会に出席している。そこから梅子はイギリスに向かったが、筆子は、かつて亮一が滞在していたことのあるフィラデルフィアの知的障害児のための学校を訪問することにした。

エルウィン（Elwyn）にあったその学校は、森あり丘ありの緑地になっていて、二〇〇〇人に及ぶ知的障害児たちが周辺社会の喧噪から逃れるような形で教師や看護婦、炊事係の人たちによって見守られていた。筆子は、このような知的障害児教育の実態を見聞することでインスピレーションを受けて、一二月にサンフランシスコ経由で帰国している。

翌年の八月になって、筆子は梅子とともに皇后を訪ねて訪米の報告をし、それからしばらくして華族女学校を退職した。アメリカへ発つ前に辞めていた静修女学校の校長職は、石井亮一がこの年に引き継いでいたが、学校自体が一九〇二年に閉校となっている。そして、その土地と建物が津田梅子に引き渡され、女子英学塾として再出発することになった。この学校が、のちの津田塾大学である。

石井亮一との再婚

筆子には、新たな茨の道が待っていた。六歳年下の石井亮一と一九〇三年六月に麹町で結婚式を挙げ、石井姓を名乗るようになった筆子は、これまでの社会的地位を捨てて、もっぱら貧しい少女たちと知的障害児たちのために働くことになった。経済的な面で苦しかった滝乃川学園での活動もあり、筆子が信仰を必要としていたことがよく分かる。

このような経緯のもと、筆子は女子教育からも婦人教育からも退き、知的障害者に対する教育に没頭していった。自らの苦しみを梃《てこ》にして、ほかの人たちを助けるという筆子の崇高な姿にヨハンネは心から敬意を表し、「小ぢんまりした家に収まって、幸福な妻であり母親になれていたにもかかわらず、彼女は今、全国民を自らの兄弟姉妹とし、生涯の仕事として自らの人生を捧げています」と『日本の思い出』の「親密の時」の最後で高らかに褒めたたえている（一七二ページ参照）。

筆子は、日本滞在中のヨハンネにとって、一番重要な意味をもつことになった日本婦人であった。個人的に親しかっただけでなく、ヨハンネは筆子を通じて日本の状況一般についての知識を得るとともに、日本女性が置かれていた社会的地位について教えられることが多かった。それも単なる知識としてだけでなく、女子教育に積極的に取り組み、時期尚早と知りながらも広く婦人の自立を目ざしていた筆子にヨハンネは啓発されたと言える。

ヨハンネは、近代化を進める明治日本に生きる女性、つまり「開化」され教養のある女性が置かれた地位を体現している人物像を筆子の姿に見てとっていた。筆子が苦悩して闘う姿を直接自らの眼で見、筆子から心情を吐露されたことによって初めて、ヨハンネは女性の自立を目ざす運動の必要性を痛感したと言ってもよいであろう。

それまでのヨハンネは、デンマークの上流家庭の妻であり、八人の子どもを育て上げた母親であるという立場でしかなかったが、デンマークに帰国してからは、婦人運動、とくに当時盛んだった婦人参政権運動に携わっていくようになった。

繰り返すが、明治時代の日本は西欧を手本にし、西欧文明を学んで「日本化」することで近代日本の建設を図っていた。ところが、ヨハンネの場合は逆で、すでに西欧で学んできた筆子に啓発され、刺激されて女性の地位向上のための運動にかかわっていくようになったわけである。このようなことはまったく稀有《けう》な事例と言え、まさに筆子の品格と進取の気性がうかがえるところである。

第9章

帰国後のヨハンネ

ラフカディオ・ハーンの紹介

一年足らずの日本滞在ではあったが、日本の文化と精神生活に強い衝撃を受けたヨハンネは、一八九六年にデンマークに帰国したのち、ラフカディオ・ハーン（小泉八雲）の著作を読みながら日本の歴史と宗教を学んでいった。その過程で、滞日中に助言を受けていたバジル・ホール・チェンバレンの著作も参照していたが、ヨハンネが選んだのは、「失われた日本」を愛し、エキゾチック・ジャパンを世界に広めたハーンの著作であった。なかでもヨハンネが興味を抱いたのは日本女性の生活ぶりで、その分野では先駆的な英語文献であったアリス・ベーコンが著した『明治日本の女たち』（一一六ページ参照）なども読んでいた。

それはともかく、良きにしろ悪しきにしろ、ヨハンネはハーンの著作を通して自らの日本での体験に形と言葉を与えていた。その成果が実り、一九〇〇年、一九〇一年、一九〇二年と三年続けてヨハンネは本を上梓している。ハーンに興味のある読者のためにも、以下にデンマークにおける最初のハーンの紹介者であるヨハンネの著作について説明をしておきたい。

最初の二冊『Fra Morgenrødens Rige（朝焼けの国から）』（一九〇〇年。以下、朝焼けの国から）と『Chrysanthemum（菊）』（一九〇一年。以下、菊）は、ハーンの著作の翻訳を含めた日本紹介の本だったが、三冊目の『Fra Skyggernes Verden（影の世界から）』（一九〇二年。以下、影の世界から）は全編ハーン作品の翻訳となっており、テーマ別に再編集されている。いずれも、ハーンの日本理解を踏襲して日本文化を紹介したものであり、明治日本で失われつつあった伝統的な日本に焦点を合わせ、日本人の心の世界と女性の生き様を描き出したものである。

『朝焼けの国から』と『菊』は正続編という関係にある。どちらも同じ構成で編まれており、まずテーマが概説され、それに該当するハーンの著作がデンマーク語訳で紹介されるという形をとっている。

当時のデンマークでは、日清戦争に勝利した日本に対する関心が高まっていたわけだが、ほかの書物が日本を外から眺めて記述していたのに対し、ヨハンネは日本人の内面をとらえて描写することでそれを補い、日本熱をさらに増長させることになった。つまり、日本人は何を人生上の最高の価値として見ているのか、訳の分からない神秘的な事象をどうとらえているのか、そもそも日本人は何を考えているのか、といった疑問に答えるための書物を著したわけである。そして、その謎を解く鍵を与えてくれ、説明してくれる人物としてヨハンネはハーンを選んだわけである。

ハーンは、日本人の心の殻を破り、その内部に入り込むことのできた数少ない外国人であった。思いやりをもって日本人に英語を教える教師として共感を得ていたハーンは、その代償として、彼の依頼に応じて教え子たちが語ってくれた話の数々を丹念に書き留めていた。それは教え子たちにとどまらず、信頼のおける情報提供者をハーンは身辺に集めていた。しかし、その近すぎる距離が語りの内容を歪んだものにする恐れもあった。ハーンと親しくなることによって、周囲の人たちがハーンの知りたそうなことを選択して語っていた節《ふし》もうかがえた。

同様に、ハーンはあまりにも日本を理想化しているとして批判されることが少なからずあった。また、著作のなかで日本人に厳しい西洋批判をさせているハーンは、キリスト教徒ではなく仏教徒ではないかという批判もあった。

その点に関してヨハンネは、西洋が批判されるのは当然だとハーンを擁護しており、『朝焼けの国から』の序文で「今の時代がそれを証明してくれているのではないでしょうか。ボーア戦争がまざまざと見せつけてくれています！」と書き、読者に対して次のように訴えている。

「しばらく自分が暮らしている国のことは忘れて、日本人のように考え、日本人の心でもって感じ、日本人の目でもって人生の来し方と行方の謎を見てみましょう」

イギリスがオランダ系のボーア人を相手に南アフリカの植民地化を争った二次にわたるボーア戦争は、一八九九年から一九〇二年まで戦われていたが、それはヨハンネによるハーン紹介と同時期であった。言ってみればヨハンネは、ハーンの著作を借りて、西洋文明の野蛮行為に伝統的な日本を対置させ、西洋文明の現状に静かな批判を試みていたわけである。

ヨハンネの著作『朝焼けの国から』

『朝焼けの国から』は三部からなり、第一部「序章　日本の歴史」は、明治維新に至る日本の歴史を概説したあとにハーンの作品「保守主義者」の翻訳が掲載されているが、デンマーク語版では「サムライの息子」という表題となっている。雨森信成《あまもりのぶしげ》(1)をモデルとした主人公が、西洋に憧れて洋行して西洋文明に実際に触れたあと、日本の伝統を擁護するようになって日本の価値に回帰していくという話である。

第二部「日本の女性」も同じ構成で、まずアリス・ベーコンなどの著作に基づいて書かれた概説があり、そこでは、日本女性は元来強くて政治的にも重要な役割を果たしていたが、封建時代に入ってから従属と犠牲を強いられる自己否定の人生を送るようになってしまったと書いている。

さらにヨハンネは、正妻と妾の特殊な関係について説明し、結婚生活は貧しい女性のほうがよ

(1)（一八五八〜一九〇六）日本におけるキリスト教プロテスタントの源流、横浜バンドのメンバーで、伝道者、宣教師の通訳として活躍した人物。英語の教育者としても活躍し、晩年の小泉八雲の親しい友人としても知られている。

り自由であることを指摘している。この点については、のちに『日本の思い出』のなかの「北白川宮の葬儀」で北白川宮に触れて書かれているほか、「日本との別れ」で門司港の女性石炭積みに関して具体的に記述しているわけだが、それについてはすでに言及したとおりである（第6章参照）。

『朝焼けの国から』では、貧しい日本女性について、「毎日のパンを得る努力においては男たちと同等の立場にあり、幸せそうに見える」と表現されている。その対照としてヨハンネは明治時代の若い女性の生き方を取り上げ、「何不自由なく楽しい学校生活を終えたあとで、いろいろな義務があり、自己犠牲を強いられる日本の結婚生活に入るのは、夫が西欧風の考え方の持ち主でないかぎりなかなか難しいことのようです」と書いている。そして、江戸時代以来、社会における女性抑圧を固定化するのに一役買ってきていた貝原益軒《かいばらえきけん》(2)のいわゆる『女大学』(3)がチェンバレンの英訳から抄訳されて紹介されている。ハーンの著作からは、「お春」、「きみ子」、「舞妓について」の三作が選ばれている。

ちなみに、この部分のイラストにヨハンネは「礼装した貴婦人」と説明書きをつけた写真を掲載しているが、これについては後述とする。

第三部は「日本の宗教観」(4)と題され、まず神道と仏教を概観している。神道を紹介するにあたってヨハンネは、本居宣長の説に準拠して、古代の神に対する信仰がやがて「祖先の崇拝」と「死者に対する愛」に変わっていったとしている。そして、「それがおそらく、日本民族の心に深く強く浸透しているのです。日本人の国民生活を特徴づけ、国民の性格を形づくっているのはそれなのです」と断言している。こうした日本人の人生観を西洋人に理解できる形で紹介したのが、ほかならぬハーンであった。

ヨハンネはさらに進んで、「神道の社だけではなく、天皇皇后両陛下の私生活にも見いだされる清貧の心」が西洋文明の浪費と共食いを批判する力になる、とまで言い切っている。そして、日本と西洋という対立した枠を取り外して日本人との共通点を強調し、「私たちはみな、私たちの精神生活、心の内部の際限なき世界、生きるのに必要な心の働きのすべてを死者たちに負っています。そういう意味で、私たちもみな神《かみ》をもっていて、伝統を継承しているのです」と結んでいる。

仏教は、紀元五五二年に日本に到来した外国宗教として紹介されている。それが時代とともに

(2)（一六三〇～一七一四）江戸時代の本草学者、儒学者。

(3)江戸時代中期から女性の教育に用いられた教訓書。ここでいう「大学」とは、教育機関の大学ではなく、四書五経の一つである大学のこと。貝原益軒が著した『和俗童子訓』をもとにつくられたとされ、一七一六年に刊行され、それ以来、太平洋戦争前まで女子教育の教本的なものとした使用された。

(4)（一七三〇～一八〇一）伊勢国松阪に生まれた江戸時代の国学者・文献学者・医師。

さまざまな形で日本化され、日本の思想、文化を形成するうえで重要な役割を果たしてきたとしている。概説でヨハンネは、とくにこの日本化された仏教について語っているわけだが、僧で名を挙げているのは日蓮（一二二二〜一二八二）だけである。

ヨハンネは仏教の「魂の不滅」と進化論を対比させて説明しているのだが、密教にこだわりすぎる傾向があった。また、輪廻、転生、業を語り、因果と因縁に言及したのちに死者の身体から離れて空中に浮遊する魂について説明を試みている。いわゆる幽霊、お化けのことで、幽霊については、これが分からないとハーンの著作を読み解くことができないほど大事なキーワードだと言っている。そして、それとの関連で、閻魔大王、冥土、娑婆、観音、阿弥陀仏、賽の河原、極楽、菩薩などについて簡単に解説をしている。

この部分には、ハーンの著作から次の七編が翻訳されている。「断片」、「貧乏神（「杵築」二）」、「魂について」、「業の力」、「心中」、「鳥取の蒲団の話（「日本海に沿うて」九）」、「因果話」は、いずれも日本人の宗教観とその生活ぶりが概観できる作品で、ヨハンネの焦点はもっぱら日本人の心に集められていた。

『朝焼けの国から』は、最後に日本の時刻につて概説を行っている。古い時代の独特な時の呼び方が分からないと、まさに失われつつあった古き良き時代を扱ったハーンの著作の数々が理解できないからである。

ヨハンネの著作『菊』

二作目の『菊』は、日本の農民と庶民の生活を中心に編集されたもので、構成は前作と同じである。「日本の農民、庶民の生活から」、「日本の花と歌」、「八重垣神社と恋の森」、「新しい日本から」の四部から成っている。

第一部の冒頭に「佐倉の幽霊」を置いているが、これはハーンの著作ではなく、ミットフォード(5)の『Tales of old Japan（古い日本の話）』（一八七一年）からの翻訳である。次の「生神」はハーンの作品で、庶民の間の伝承を扱っており、それに『心』所収の「俗唄三つ」が続くが、三つのうち「小栗判官」は省略され、「俊徳丸」と「八百屋お七」の話だけが紹介されている。

ここまでは翻訳もしくは意訳だが、次の「キツネ」と題されて民間信仰を説明している文章は、チェンバレンが『日本事物誌』のなかでベルツ博士の考察などを参考にして書いた論考をハーンが再編成したものである。

（5）（Algernon Bertram Freeman-Mitford, 1st Baron Redesdale・一八三七～一九一六）イギリスの外交官、政治家、収集家、作家、貴族。幕末から明治初期にかけて外交官として日本に滞在した。著名な「ミットフォード姉妹」の祖父。

第二部の「日本の花と歌」は、まず日本の「歌」の世界でよく取り上げられている花とその意味が説明されている。すなわち、梅、桜、藤、菖蒲、牡丹、蓮、菊、紅葉で、季節順に並べられている。言うまでもなく紅葉は花ではないが、それに準じるものとして扱われている。「歌」そのものに関しては、ハーンの「日本の民謡に現れた仏教引喩」と「街頭から」に採録されている歌からいくつかが抜粋されている。第二部の冒頭では「業」についての長い説明がチェンバレンの定義に基づいてなされており、ヨハンネが日本人の花に対する態度に仏教的要素を見ていることが強調されている。

第三部「八重垣神社と恋の森」は、文字どおり須佐之男命と八重垣姫にからむ話である「八重垣神社」からはじまり、恋の森として「振袖、禅の一問、博多にて」が選ばれ紹介されている。自己を抑制することを教え込まれていながら、恋心には打ち勝つことはできずに暗い森を彷徨う者の物語である。

ここまでは古い日本を扱ってきたわけだが、第四部では「新しい日本から」と題して時代が一変するだけではなく、題材もがらりと変わり、若い男女の熱い愛国心、祖国と天皇に喜んで自らを犠牲にする話「叶へる願い」と「勇子——追憶談」を取り上げている。

ヨハンネの著作『影の世界から』

そして、第三作目となる『影の世界から』であるが、これはヨハンネによって編集され翻訳されたハーンの作品集で、「Skizzer fra Japan（日本素描）」というサブタイトルが付けられている。前書で、『日本瞥見記』（一八九四年）以来毎年一冊ずつ発刊されてきたハーンの著作を当時の最新刊であった『日本雑記』（一九〇一年）までを一覧したあとヨハンネは、チェンバレンが一八九八年に著した『日本事物誌』に書かれているハーンについての一文を紹介している。

ちなみに、現在流布している『日本事物誌』（高梨健吉訳、東洋文庫）は一九三九年刊の第六版改訂版で、その中にある「ハーン」の項は、もともと犬猿の仲であり、ハーンとついに絶交に至ったチェンバレンによってハーンの死後に書き換えられたものである。同情と友情に満ちた温かい言葉でもって日本を愛し、日本人の真心を詩的に表現できた稀なる存在として以前はハーンを讃えていたチェンバレンであったが、ハーンの死後は客観的に評価できる距離ができたこともあり、ハーンの著作のみならずその人物像についても批判的に、時にはかなり辛辣に書いている。

片目が見えないうえに、もう一方の目が極端な近視であったハーンの肉体的欠陥を精神的欠陥にまで結び付け、個人攻撃に似た形で、「ハーンの一生は夢の連続であったが、結局、悪夢に終わってしまった。熱心が嵩じて日本国籍を取り、小泉八雲と名乗った」などと書いたチェンバレンは、「知」の人と呼ばれていた誉れを自ら汚してしまったかのように思える。

もちろんヨハンネは、この攻撃的な文章を読んではいない。ヨハンネはハーンとともに、まだ西洋化されず無垢を保っていた古い日本を語っていたわけである。それはハーンによって理想化され、完璧な形をとっていたわけだが、所詮、夢の世界でしかなかった。

ハーンの女性的で繊細な心は、ノスタルジックに古き良き日本を追い求め、同じく伝統的な日本を崇拝していたフランスのジャポニズムの系譜に連なっていった。それは、ハーンがピエール・ロティを師と仰いでいたことでもうかがえる。しかし、ジャポニズムが絵画作品など、概して目に見える具体的なものを対象にしていたのとは異なり、ハーンは目に見えない想像の世界、影の世界の探検者であった。

ロティは日本を理解していたとはいえず、むしろ理解を拒んでいたと思われる傾向すらあった。にもかかわらず、日本を卑小な国と決めつけ、自らの日本観を優雅な文体で描いていたわけである。自己の「理解」を正しいものとして、それを言語世界に封じ込めた点では、ハーンとロティは共通していたと言えるかもしれない。

ヨハンネがハーンの著作を通じて紹介した日本は、ひと昔前の暗く回顧された伝統的な国であり、現実の、欧米化を極端に推進していた激動する日本の姿ではなかった。三作目となる『影の世界から』でヨハンネが読者に示したかったことは、死者に対して忠実に思いを馳せ続ける日本人の姿であった。毎日を生きている人々の意識下で、絶えず底流のようにたゆたう死者たちの面影や、仏教の転生と因果応報の思想を語り描くハーンの作品を通じて、当時の日本人が忘れかけていた日本人の原点を確認しておきたかったのだろう。

日本は国を挙げて変わろうとしていたわけだが、いったい何から何へ変わろうとしていたのだろうか。モデルが西洋文明だったことは分かっている。でも、その西洋文明とは、いったいどのようなものだったのだろうか。

ヨハンネは、ハーンの『日本瞥見記』、『東の国から』、『心』、『仏の畑の落穂』、『霊の日本』、『日本雑記』から、「盆市で」、「盆おどり」、「恋の因果」、「守られた約束」、「破られた約束」、「お大の場合」、「石仏」、「橋の上」、「生と死の断片」、「焼津」、「乙吉のだるま」、「夢の本から」、「人形の墓」といった作品群を摘出して数珠につないだ。研究者でも文学者でもなかったヨハンネは、消えつつあった伝統的な日本を自己流に解釈してハーンの作品を翻訳し、デンマーク風に再話し直したわけである。

これら三冊の本を発行するなかで、ヨハンネは日本独特の文化的背景について説明をしながら日本人とその生活ぶりを紹介してきたわけだが、ハーンの著作を選んだ段階ですでに視点の狭さと特異さが決定づけられ、平板化されたり理想化されていたのかもしれない。しかしヨハンネは、日本人の心のふるさとと、ものの考え方や振る舞いのパターンを一応読者に伝えることができたと言ってよいだろう。なぜなら、それらの本がゆえにデンマークでの日本情報が増大したわけであるし、日露戦争前後には、日本に関係する書物が次々と刊行されていくという土壌が生まれた。

とはいえ、ヨハンネにとって一番興味があったのは、いまだに封建的な伝統の枷《かせ》にとらわれていた日本女性が、明治の時代に脱皮していく過程を見極めていくことだったように思われる。そのためにも、日本女性の過去を知る必要があった。筆子のような進歩的な女性が生きていた過渡期の日本を、過去にさかのぼって知っておく必要があったのだ。その意味で、ハーンの著作は有用な入門書だったと言える。

『朝焼けの国から』の書評

ヨハンネの処女作『朝焼けの国から』は、類書がなかったこともあって好評を得たようで、好意的な書評が〈Husmoderens Blad（主婦の雑誌）〉の一九〇〇年第四九号に掲載された。

まず、ヨハンネの半生の紹介にかなりのスペースが割かれ、ボルンホルム島で一八四四年に生まれて、父親が船主で、島で一番裕福な家庭に育ったことから語られている。ヨハンネは娘三人、息子二人の家族の末っ子で、六歳のときに父親を亡くした。二八年もの間船乗りとして世界の海で活躍し、島に帰ってきた父から、ヨハンネは旺盛な知識欲と探究心を受け継いだ、と書評者は書いている。

「国王フレデリック七世［一八〇八～一八六三］が島を訪れたとき、付き添いの武官で海軍大尉であったグロウがヨハンネの姉を見初めて結婚するに至った。コペンハーゲンに移り住んだ姉に続いてもう一人の姉も結婚して首府に居を構え、兄たちも勉学のためにコペンハーゲンに滞在していたため、母とともにヨハンネもたびたびコペンハーゲンを訪れる機会があった。そんなある日、パーティー会場で若き海軍中尉ミュンターに出会い、一九歳のときに結婚することになった」

その後のことは、すでに本書で触れているので繰り返さないが、書評者はヨハンネが日本滞在中に強烈な印象を受け、日本の特殊性を徹底的に追究したいという欲求をもって帰国したと指摘し、その目的のために、「東京大学の教授」「チェンバレン」から日本に関する知識を得るべき文献類について貴重な助言を受けてきたと記している。

「ヨハンネにはこうして獲得した知識に加えて豊かな日本体験があり、その両者をまとめた成果を雑誌や新聞に書いたり講演を行ってきたりしていたが、それをまとめるような形で今回『朝焼けの国から』を上梓した。地球の反対側の国の政治、宗教、文学、芸術全般を教えてくれるこの本は、単に情報を提供してくれるだけではなく読んでいても楽しい。まさに、日本の文化史の真髄の概説として見なしてよい同書の記述において、とくに興味深いのが日本女性に関する部分である」

このあとで内容を簡単に説明し、良書として推薦したあと、書評の最後の部分に、「この本の中には、すばらしい写真が何枚も挿入されている。なかでもこれが一番美しい」として、前述した「礼装した貴婦人」と説明書きが付けられた写真が転載されている。そして、「ここに写っている女性は、ヨハンネ・ミュンター夫人のお知り合いです」と記されていた。この袿袴《うちきはかま》姿の女性こそ、ほかでもないヨハンネの親友、小鹿島筆子であった。

5. Aarg. Nr. 49. HUSMODERENS BLAD. 385

Fru Johanne Münter.

Fru Münter er født paa Bornholm 1844, hvor hendes Fader var Skibsreder og hørte til Øens rigeste og ældste Familier. I sin Ungdom havde han ført et ret eventyrligt Liv, var som 14 Aars Dreng ved Moderens Hjælp kommen ud i den vide Verden; al hans Hu stod nemlig til Søen, hvormod Faderen med de Tiders Magtsprog og Tyranni vilde presse ham ind i Former, han ikke kunde finde sig i.

Først som moden Mand kom han tilbage efter i 28 Aar at have ført et Liv i Fare og Arbejde, efter gentagne Gange at have vundet en Formue og atter tabt den, og Lykken var ham saa god, at han kom tidsnok til at lukke Moderens Øjne.

Han giftede sig nu paa sin Fødeø med en ung Enke, ogsaa af bornholmsk Slægt, og fik med hende 3 Døtre og 2 Sønner. Datteren Johanne var det yngste Barn og kun 6 Aar gammel, da Faderen døde. Det er saaledes ikke direkte Paavirkning fra ham, hun skylder sin granskende og videbegærlige Aand, men vel en Arv fra begge Forældre, næret af Fortællingen om Faderens Liv og Virken og mange af Brevene til og fra ham, samt de udførlige Dagbøger, han fra ung har skrevet og som senere blev Datterens Eje.

De ældre Søstre blev gifte i en ganske ung Alder ind i Slægten Grove. Da Frederik den 7. og Grevinde Danner besøgte Bornholm, var Fru Münters Hjem Kvarter for en høj Officer. Hans Adjudant, den unge Flaadekaptein Grove, forelskede sig i en af Døtrene, blev gift med hende og tog Bolig i København. Da nu kort efter ogsaa den anden Datter forlod Hjemmet som Brud, besluttede Moderen at bo om Vinteren i København for at være i Nærheden af sine Døtre og af Sønnerne, der studerede.

Her gik Johanne ogsaa sin Skæbne i Møde, idet hun i Selskabslivet mødte daværende Løjtnant i Marinen, nu Kommandør, Münter og giftede sig med ham i sit nittende Aar.

Han forlod den aktive Tjeneste og overtog Posten som Direktør ved det Kockumske Værk i Malmø, hvor han var i omtrent 15 Aar, i hvilken Tid de boede i Malmø. Senere rejste han til Skotland og England, hvorhen hun ogsaa fulgte ham, men da han overtog en Stilling i Japan, hvor han har været i en Aarrække, fuldendte hun først sine Børns — 7 Sønner og 1 Datter — Opdragelse herhjemme, før hun drog til Østen.

Men Moderkærligheden kaldte hende atter hjem efter nogen Tids Forløb. Datteren maatte repræsentere Husfruen i Japan, medens Moderen samlede Sønnerne om sig i Hjemmet i Danmark.

Dette Ophold i Japan havde dog gjort et levende Indtryk paa hendes Sind, saa levende, at hun stadig ikke har kunnet frigøre sig for det Ønske at trænge dybere til Bunds i Landets Ejendommeligheder, hvilket var saa meget lettere for hende som hun, da hun kom tilbage til Danmark, medbragte fuldtop af gode Raad og Anvisninger fra kyndige Venner — Professorer ved Tokyos Universitet — om hvorledes hun skulde bane sig Vejen til nærmere Kundskab om Japan. Dette, sammenlagt med de Erfaringer, hun havde samlet sig under sit Ophold i Japan, og sine Erindringer fra dette Ophold, fostrede atter hos hende Ønsket om at meddele det, der havde glædet hende selv saa meget, til andre.

Fru Münter debuterede saa først med at skrive til forskellige Blade og Tidsskrifter, af hvilke nævnes »Berlingske Tidende«, »Husmoderens Blad« og »Kvindernes Blad«, samt ved dernæst at holde Foredrag bl. a. i »Kvindelig Læseforening« og »Cirklen«.

Men hun vilde noget mere. Hun vilde, at vi herhjemme, der i de senere Aar interesseret os saa stærkt for Østens fjerne Lande, ogsaa skulde lære disse grundigere at kende, at vi skulde vide lidt Besked om disse Landes Oprindelse, deres Politik, Religion, Litteratur og Kunst, og først og

Japansk Adelsdame i Hofdragt.

ヨハンネと筆子（出典：〈主婦の雑誌〉49号、1900年）

袿袴で礼装した筆子（出典：ヨハンネ・ミュンター『朝焼けの国から』）

第10章

ヨハンネの手紙と筆子の返事

婦人参政権運動をめぐって

一八九六年春、デンマークに戻ったヨハンネは、仏教について学びつつ、ハーンの翻訳を通して日本の伝統的文化ならびに旧習にとらわれていた日本人の生き方を三冊の著作にまとめて一九〇二年まで紹介してきた。

その一方、近代化を急いでいた明治日本の躍動をすでに日本滞在中に自ら体験し、筆子から刺激を受けて、女子教育と婦人問題に対して新しい態度を取るようになったヨハンネは、折からデンマークで盛んになりつつあった婦人参政権運動に積極的にかかわっていくようになった。そして、ついに一九〇四年、国際婦人参政権同盟に属していたデンマーク婦人参政権同盟の国際部秘書に就任し、一九〇九年までその職を務めることになった。

その間、一九〇六年には「ミュンター夫人倶楽部」と呼ばれていた婦人参政権倶楽部を自ら組織し、〈Kvindestemmerets-Bladet（婦人参政権新聞）〉を一九一三年まで発行している。新聞発行の目的は、新聞のタイトルの下に記された副題でも明らかなように、「デンマークとともに国際同盟に加入している国々での参政権運動の概観」を知らせることで、この新聞を通してヨハンネは、外国での参政権運動の実情と代表的な指導者たちの紹介を行っていた。

デンマークでは、一九〇八年に新しい地方議会法が決められ、デンマーク婦人は翌年の地方選挙で参政権が行使できるようになったが、女性の普通選挙権の獲得は一九一五年まで待たなければならなかった。

筆子の手紙とヨハンネの返信

ヨハンネがデンマークで婦人参政権の運動に没頭していた一九〇九年、筆子から一通の手紙が届いた。残念ながら、その手紙は残っていないのだが、ヨハンネが筆子宛に書いた返信が筆子の残した書簡中で見ることができる。その内容から判明することなのだが、ヨハンネの住所が変わっていたため、筆子の出した手紙は娘マルナの所で、母親ヨハンネのもとに転送されることなく半年近くもそのままとなっていた。

ヨハンネの返信は一九一〇年四月二八日付であり、東京へは五月一五日に着いているので、筆子の手紙は前年の秋にはヨハンネに送られていたことになる。

ヨハンネが書いた返信の封筒には、差出人として「デンマーク婦人参政権同盟ヨハンネ・ミュンター」とあり、受取人は「東京巣鴨庚申塚126　石井W筆子夫人」であった。Wのイニシャルは、筆子の旧姓である渡辺のWであろう。また「庚申塚126」は、当時、滝乃川学園があった所である。

便箋には「婦人参政権結社ヨハンネ・ミュンター」と印刷してあるが、「婦人参政権結社」の部分に線が引かれて消されており、ミュンターの名前だけが読めるようになっている。ヨハンネは手紙の冒頭で、二人が最後に会ったとき以来どんなふうに過ごしてきたかを説明しているが、これはおそらく、筆子が滝乃川学園で石井亮一と新しい生活をはじめたことを報告し、ヨハンネに様子を尋ねたことに対する応えであったと思われる。

あなたからお手紙をいただき、大変喜んでおります。あなたのお家でまたお会いしたような気がし、二人で何度も一緒に語り合った私の家の応接間の隅に、あなたがいらっしゃるような錯覚に落ち入りました。私はあれ以来、一番私の心に近かった息子を二人失い、つらい思いをさせられました。

「あれ以来」というのは、一八九五年に二人が虎ノ門のミュンター宅で親密に語り合ったときのことを指し、その模様は、すでに見てきたように回想記『日本の思い出』に描写されている。亡くなった息子の一人は、日本からの帰国の折に上海で落ち合って一緒に戻ってきた長男のテオドー（一八六六〜一九〇二）である。長男ということもあり、留守がちな夫バルタサーの代わりとして、ミュンター家ではヨハンネが一番信頼を寄せていた息子であった。もう一人は眼科医のローレンツ（一八七二～一九〇九）で、テオドーと同じく独身のまま世を去っている。

ちなみにヨハンネは、この手紙を書いた五年後の一九一五年にも、海軍大尉だった息子のヘアマン（一八七四～一九一五）を亡くしている。一一人産んだ子どものうち三人を生後間もなく失い、成人した八人のうち三人に先立たれたことになる。

ヨハンネは続けて、夫のバルタサーは社会的に高い地位にあり、娘のマルナとともに外交官たちやデンマークの上流社会と頻繁に接触があることに触れ、そうした場所でのマナーに知悉《ちしつ》しており、外国語の話される舞台で活躍することにかけてはこの二人に勝る者がなく、まさに「水を得た魚」だと筆子への手紙に書いている。

滞日中にマルナは、父親バルタサーのもとで、日清戦争の前と後との二度にわたって東京で社交術を学ぶ機会を得ており、帰国後もその才能を発揮していたことが分かる。一九一七年、マルナは四八歳になって、ようやく外交官であったエーレンスヴェアド男爵と結婚したが、バルタサーとマルタの生活ぶりを語るヨハンネの語り口にはいくぶん皮肉が込められている。


すぐにお分かりのように、私にはそれが面白くありませんし、興味もありません。私は、今日のもっと大きな問題に取り組んでいます。何にも増して、私は婦人問題にかかわっているのです。

ヨハンネが筆子に、自らの家族と結婚生活について語るのはこれが初めてではない。出張ばかりしていたバルタサーとの結婚生活について、最初から問題を抱えていたことはどうやら秘密ではなかったようだ。筆子にとって耳新しいことだったのは、ヨハンネが婦人問題に没頭し、とくに婦人参政権獲得の闘いに参加していることだった。

ヨハンネは手紙のなかで、デンマークのキリスト教婦人参政権協会のことや、一九〇八年にアムステルダムで開かれた国際婦人参政権同盟の大会のことにも触れ、その運動がより良い法律とより良いモラルを人類に与えるきっかけとなりうる、と熱く語っている。また、女性にも法律制定の過程に参加させなければならない、とヨハンネは言っている。

神は、妻は夫に服従しなければいけない、などとは言っていません。男と女が一緒になって世界を治めよ、と言っているのです。『聖書』はこれまで男の手によって書かれてきましたが、今は、それを女の手によって書き改める絶好の機会なのです。

「男と女が一緒になって世界を治めよ」という部分に下線を引いて、ヨハンネは強調している。

国際参政権同盟は、第一回の会議を一九〇二年にワシントンで開き、第二回がベルリン（一九〇四年）、第三回がコペンハーゲン（一九〇六年）、そして第四回がアムステルダム（一九〇八年）

と、アメリカ人の会長キャリー・チャップマン・キャット夫人(1)を牽引力として精力的に活動を続けてきた。しかし、一九〇八年の段階で、次の開催地候補となったロンドンがそれを断るという不祥事が起こった。結局、会議は一九〇九年に開催されることになったが、イギリスの参政権同盟のやり方に対する不満は残ったままとなった。

そうした背景のもと、参加者数の拡充目的もあって、会長チャップマン・キャット夫人が一九〇九年の夏にロンドンから筆子に書簡を送っている。日本の参政権運動を促進すべく、日本の婦人運動を代表する人物として筆子に白羽の矢を立てたわけだが、その背景にヨハンネの提案があったことがヨハンネ自身によって明らかにされている。

このような経緯から、同じ年の秋に筆子はヨハンネに手紙を書き、それが娘マルナのもとで半年も置かれたままとなり、ようやく翌年の春になってヨハンネの手許に届いたわけである。

ヨハンネは、日本が国際参政権同盟に加盟することを望んでおり、筆子に、日本の婦人で参政権運動に参加できそうな人たちの名前と住所を教えてくれるよう求めてきた。そして、手紙のな

(1)（Carrie Chapman Catt・一八五九～一九四七）アメリカの婦選運動家。全米婦人参政権協会の会長を務め，一九二〇年の憲法第一九修正による婦人参政権の成立に貢献した。行政手腕でもって協会の組織を動かし，第一次世界大戦では政府に協力し，政治権力に接近しながら婦人参政権への支持を広げていった。一九二〇年には協会を改組して「婦人有権者同盟」を設立し、その後平和運動において活躍した。

かでヨハンネは、大山公爵夫人（捨松）が日本の参政権運動の先頭に立ってくれるとよいのだが、とも書いている。

しかし、考えてみれば、これは不可思議な提案である。というのも、ヨハンネは一八九五年の時点で大山夫人には東京で会っており、『日本の思い出』にも書き留めているように、日本の娘たちは洋装ではなく伝統的な和服を着るべきだとしていた大山夫人を反動的だと見なしていたのだ。

筆子は、男女同権と女性解放を目指す活動へのこうした反動的な動きに対する一種の抗議として、一八九九年に華族女学校を退職しているわけだが、ヨハンネはそんな事情を知りえなかった。華族女学校では、ほかでもない大山夫人のような姿勢が影響力をふるっていたのである。だからといって、大山夫人が婦人問題一般に関心がなかったとはもちろん言えない。

親友に打ち明けるようにヨハンネは、自分ら家族の不幸について語り、筆子に「あなたのことをもっと教えてください。ご主人と一緒に学校を運営していらっしゃるんですか?」と書き、それに続いて、「あなたと私のように、ひどい仕打ちを受けた者がこの世で何とか生きていくためには、仕事に打ち込むことが一番ですよ!」と感嘆符まで付けて断言し、励ましている。(2)

手紙を結ぶにあたってヨハンネは、立教学園を設計した牧師ジェームズ・ガーディナーの奥さんに「よろしく」伝えてくれるよう筆子に頼んでから、次のように書いている。

さようなら石井夫人。私たちが一八九〇年代の半ばに語り合ったあのときより、今のあなたのほうがずっと幸福そうだと思えるだけでも、私はとても喜んでいます。

ここに記されている「あのとき」が、ヨハンネが『日本の思い出』のなかで「親密な時」と題して語ったときのエピソードを指していることは言うまでもない。

ヨハンネの二通目の手紙

筆子宛のヨハンネの手紙は全部で三通残っているが、その二通目は一九一二年の八月一日付で、東京には一七日に届いたという消印がある。一通目と同じく、筆子がヨハンネに出した手紙に対する返信であるが、先と同じく、筆子が出した手紙は見つかっていない。その返信の内容から、筆子が英語で書いた原稿を、ヨハンネに頼んで当時のイギリスの代表的な出版社「アンウィン社

(2)（James MacDonald Gardiner・一八五七〜一九二五）アメリカ人の建築家で教育者。一八八〇年に米国聖公会から派遣されて立教学校の校長に就任、八二年から翌年にかけて立教大学を建設した。一八九一年に校長の職を退任。ハーバード大学で学位を取得したのちに立教大学英文科教授に復職し、一九〇三年にはガーディナー建築事務所を設立した。

(Fisher Unwin)」から刊行しようとしていたことが分かる。日露戦争後の一九〇六年に滝乃川学園は巣鴨の庚申塚に移転し、経済的に苦しい経営状態のなかで一九一〇年には出版部を設置していた。筆子の英文執筆は、そこの活動の一環だったかもしれない。

ヨハンネは返信で、自分は「大変興味深く原稿を読みましたが、出版社のほうは、読者があまりいないという理由で断ってきました」と筆子に知らせている。ほかにも、いくつか原稿に対するコメントを書いているが、ヨハンネ自身は、その年の七月に明治天皇が崩御し、日本に対する関心が諸外国で高まっていたために、筆子の本を刊行するにはよい機会だと思っていた。その矢先、アンウィン社の拒絶にあったわけだが、その決定を快く思っていなかったヨハンネは、別の出版社「マレー社（John Murray）」と交渉することにした。

デンマーク外務省の催した夕食会で、オランダ公使を兼任していたデンマーク公使佐藤愛麿（一八五七〜一九三四）と同席する機会があったヨハンネは、筆子の本を出版すべく推薦状を書いてくれるようにと話をもちかけた。あいにくと公使は、ヨハンネの言葉によれば「日本で一番教養のある女性」筆子の名前を知らず、その有名な父親の名前も知らなかった。「きっと、私の発音が悪かったせいでしょうね」とヨハンネは書いている。

渡辺清の名を、ヨハンネはどのように発音したのだろうか。それとも、佐藤公使はそもそも渡辺清という名前を聞いたことがなかったのか、その真相は分からない。また、封筒の宛書きでも手紙のなかでも筆子のことを「マダム石井」と呼んでいたヨハンネが、「Ishii」をどのように発音していたかも疑問である。ヨハンネの場合、「Ishii」を「Ichii」と表記することがあったのでなおさらである。それに加えて、ヨハンネは常に「マダム石井」と呼び、「筆子」という名前を一度も使っていなかった。もしも、その珍しい名前を使っていたならば、佐藤公使に伝わっていたかもしれないと思われる。

ヨハンネは、筆子の原稿に添えられていた、あるキリスト教主教の夫人が書いたという「序文」はマレー社には送らなかった、と書いている。ヨハンネの意見では、それがアンウィン社が快諾しなかった理由になっていたと言っている。また、最終章の「日本におけるアメリカの宣教師団」という一章も原稿から外し、それがなくとも筆子の本は「高貴で気高い志にあふれている」とヨハンネは主張し、その章を入れないほうが三倍も四倍も読者が増えるはずだと確信していた。

そして、日本にキリスト教を伝えたザビエルの章は素晴らしく、「非常に興味深い」とも書いているが、ザビエルについては、ヨハンネ自身も『日本の思い出』のなかの長崎に関する章で触れているので知識があった。ちなみにヨハンネは、筆子が織田信長について「かなり好意的な記述をしているのには驚きました」と付け加えている。

いずれにしろ、ヨハンネは筆子の原稿を気に入り、終始一貫する筆子の考え方に同調はしていたが、その内容が日本におけるキリスト教宣教のプロパガンダだと思われはしまいかと心配をしていた。手紙のなかでヨハンネは、佐藤公使の助力も受けて、全力を尽くすことを約束している。ところが、この返信が投函される直前にアンウィン社からハガキが届き、そこには「原稿不採用」と書かれていた。ダメ押しの拒絶である。このハガキは筆子への手紙に同封されていたが、筆子を慰めようというつもりだったのか、ヨハンネはいきなり次のようなことを書いている。

——あなたがもし宮廷の女官でいらっしゃって、日本の宮廷の様子とか、皇后様の日常などを隠さずに書いたのなら、出版社は原稿を採用したと思います。

そして、それに続けて以下の記述がある。

——もしも、私が原稿を多少短くして、デンマーク語に訳して出版することを許可してくださるようならお知らせください。コペンハーゲンでなら出版社が見つかると思います。

こうして筆子の失望を先取りし、何とか原稿を出版しようと思いながら、ヨハンネはとりあえず返信の手紙を筆子に送ったのである。

ヨハンネが書いた手紙から察するに、筆子は、一五四九年のザビエルの来日から自らが生きる時代に至るまでの日本におけるキリスト教布教史を執筆していたことが分かる。原稿に多少手を加える必要があったにせよ、すでに英文の図書を出版して評判になっていた内村鑑三（一八六一～一九三〇）や新渡戸稲造（一八六二～一九三三）などに続く、日本女性によって書かれた英文著作の嚆矢《こうし》になるべく書物であった。残念なことに、筆子の本は出版されずに終わり、その原稿の行方も知られていない。

チャップマン・キャット夫人の日本訪問と筆子の対応

二通目の手紙のやり取りが行われた同じ年、一九一二年一〇月に国際婦人参政権同盟のチャップマン・キャット夫人が横浜に到着している。乃木希典《まれすけ》(3)将軍が殉死した直後で日本は騒がしく、まったく時期が悪かったとしか言いようがないときだったが、婦人問題、とくに婦人参政権問題に興味を抱いている日本婦人たちに会うための来日であった。

三週間ほどにわたった滞在の詳細は残念ながら知られていないが、チャップマン・キャット夫人がヨハンネに宛てた手紙の抜粋が、デンマークでヨハンネが発行していた新聞〈婦人参政権新

(3)　（一八四九～一九一二）元、長府藩士。軍人（陸軍大将）、教育者。第一〇代学習院院長。

聞〉の第七年第二号、すなわち一九一三年二月号に掲載されている。

チャップマン・キャット夫人の手紙は一九一二年一一月一日付で、「日本からサンフランシスコに向かう日本船チユマル」で書かれたとされているが、「チユマル」とは東洋汽船の「地洋丸」のことである。

滞日中、チャップマン・キャット夫人は横浜を拠点にして宮島、神戸、鎌倉、箱根宮の下、日光、東京と日本各地を訪れている。東京では、帝国ホテルにおいて一六名の日本婦人との昼食会が開かれたが、その主な参加者として、鳩山春子、津田梅子、尾崎テオドーラ、石井筆子が挙げられている。

昼食会の席上でチャップマン・キャット夫人はスピーチを行ったのだが、日本の婦人たちもそれにこたえ、国際婦人参政権同盟の次のブダペスト大会に向けてレポートを提出すると約束をしている。そして、鳩山夫人がブダペストへ行くかもしれない、という話も出ていた。

しかし、チャップマン・キャット夫人の見解では、日本の婦人たちは参政権問題に関しては概して臆病で、まだ時期が熟していない。ほぼ全員が女性に参政権があって当然と思っていながらも、そう言い出すことを恐れているようだ、とヨハンネに報告している。やがて、もっと勇気の出るときが訪れるであろう、というのが結論であった。

この会合については筆子が別にレポートを書き、参加者の写真を添付してヨハンネに送っている。ヨハンネはその全文をデンマーク語に訳し、昼食会のときに撮られた写真とともに〈婦人参政権新聞〉に掲載した。

筆子は写真に写っている人物を紹介しつつ、ヨハンネ宛の手紙に次のように書いている。

私がどこにいるか分かりますか？　私たち二人が出会ってからもう一八年にもなりますよ！　――チャップマン・キャット夫人の右に見えるのが山脇夫人、左が鳩山夫人で、そのお隣が津田嬢です。私は、山脇夫人の右隣に座っています。私の右に立っているのが尾崎夫人で、東京市長と結婚しています。この方はヨーロッパ人なんですよ！

帝国ホテルでチャップマン・キャット夫人を迎えて（出典：〈婦人参政権新聞〉1912年10月）

日本女性の参政権について筆子は、「経験というのは、私たちにとって一番の教師です。それがまだ私たちには欠けています」と言っている。そのうえでヨハンネに対し、デンマークにおける婦人参政権運動の成功を祈り、「婦人参政権は女性の価値を認めることです」と断言している。それに続く文章は以下のようになっている。

英国でのことは本当に残念です。ご婦人たちの何人かは、極端に走ったものと思われます。女性だということを忘れて、男たちの気短さを真似しています。私は、この世界に平和をもたらすことが私たちの義務だと思っています。私たちこそ、モラルの守護神だと思いませんか？　人類の母親としての私たちの使命は、とても尊いものです！

この感動的で誇り高い言葉が記された筆子の手紙は、「一二月三日」と日付が付けられ、ヨハンネの翻訳のもと「F. Ichii」と署名がされていた。

それにしても、手紙での晴れ晴れとした口調とは打って変わって、下を向き、小さくなって写真に写っている筆子を見ると胸が痛む。次々と不幸に見舞われ、婦人教育や参政権問題などの分野で、したいこと、すべきことがたくさんあったであろうに、福祉の道を選んだ自らを小さく見ているような気がしてならない。

ヨハンネの三通目の手紙

ヨハンネが筆子宛に送った三通目の手紙はこうした背景のもとに書かれたものであり、封筒には「一九一三年三月一〇日」の消印がある。またしても宛名には「Madame Ichii」と手書きで書かれており、さらに「シベリア経由」と指定されていた。ちなみに、東京に届いた消印の日付は三月二四日となっている。

便箋には「三月九日」と記されているこの手紙でヨハンネは、上述の新聞がすでに筆子のもとに届いているはずだとして、まず帝国ホテルで撮られた写真がなぜ多少ぼやけて掲載されてしまったのかを説明している。

送られてきたその写真の裏には僧侶の写真があったのだが、担当の者がそちらのほうを表だと勘違いして、婦人たちが写っているほうに糊をつけてしまい、それを拭き取ってからの掲載になったからだと言っている。そして、同じ新聞にチャップマン・キャット夫人と筆子の記事を載せた理由を説明しているが、それは、筆子の「英国でのことは本当に残念です」という言葉に感動したからだ、と書いている。

さらに、ヨハンネの友人であるライト夫人も、地球の反対側で婦人参政権運動の困難を気遣ってくれている人がいることは素晴らしいと思って小論を書いており、世界の女性が手を結んでいる実情をアッピールしていた。この小論は、ヨハンネが英訳したものであった。

ヨハンネは、ライト夫人に筆子と直接連絡を取るように進言し、ライト夫人の短い手紙を筆子宛の書簡に同封している。ライト夫人が手紙のなかで自分のことを「レディー・ミュンター」と呼んでいることに多少当惑したヨハンネは、註釈を施し、「私はそんな肩書きとは関係ありません。ただの夫人、ミセスですから、封筒にレディーなどと書かないでください」とわざわざ念を押している。

ヨハンネの夫バルタサーはデンマークでは社会的に高い地位にあり、役職ではなく肩書きとして「侍従」の称号をもっていた。その夫人であったヨハンネは、言わば「侍従夫人」でレディーであったわけだが、少なくとも筆子の前ではそれを拒否していたようである。

同じ手紙でヨハンネは、チャップマン・キャット夫人が行った演説が掲載された二月二七日付の〈婦人新聞（The Woman's Paper）〉の記事を要約して筆子に紹介している。その内容というのはサンフランシスコのことで、祖父によってひどい男の所へ売り飛ばされたという一二歳の中国人少女についての実話であった。

少女はつらくて逃げ出したのだが連れ戻され、裁判になったにもかかわらず、結局、男のもとへ帰るように言いわたされて、挙げ句の果て自殺をしたという内容であった。ヨハンネは筆子に、この悲惨な実話を読んで、ほかの人たちにも広めてほしいと頼んでいる。

ヨハンネはこのようにして筆子との連絡を続け、筆子を窓口にして、日本の婦人たちに婦人参政権に関する情報、さらには婦人解放運動のメッセージを送ろうとしていたわけである。また、婦人参政権運動を日本でも展開してもらおうと思って、一九一二年にはチャップマン・キャット夫人まで日本へ送ったわけだが、日本で婦人参政権が認められたのは一九四五年のことで、新憲法が発布されるまで待たなければならなかった。

一九一三年の時点で筆子はすでに滝乃川学園での活動に全身全霊を傾けており、婦人参政権運動も女性の解放と自立への過程として見えていたが、筆子の目の前に開けていたのは知的障害児に救いの手を差し伸べるという福祉への道であった。現代の言葉で言えば、グローバルな視点に立って世界を見渡していた筆子であったが、その前には福祉一筋の道しか残されていなかった。

あとがき——筆子とヨハンネの変わらぬ友情

本書は、「筆子」と「ヨハンネ」という二人の人物の関係を通して、多角的に明治期の日本社会および日本女性の立場を著したものである。二人が、同じ思いをもってお互いに影響を与え合い、不幸な身ながらもお互いを支え合っていたということを考えれば、このような構成こそふさわしい形であると思っている。

一九一三年の三通目の書簡を最後に、ヨハンネと筆子の文通は途絶えてしまったようである。少なくとも、記録には残っていない。ところが、筆子が大事にしていたアルバムの表紙には、ヨハンネの写真が飾られていた。

一八九五年、虎ノ門でヨハンネと「親密の時」を過ごしたころの筆子は女子教育と

筆子のアルバムに貼られていたヨハンネの写真（写真提供：滝乃川学園石井亮一・筆子記念館）

婦人教育に携わり、女性の解放と自立を夢見て活動していたときに夫に先立たれ、知的障害を負った娘たちを抱えて多忙な毎日を送っていた。不幸を乗り越えようとするかのように、以前にも増して仕事に没頭していた当時の筆子、女盛りの美しい筆子をヨハンネはずっと覚えてくれていた。筆子にとって、ヨハンネは心の支えになっていたことが分かる。つらくても、充実していた日々の思い出を共有できる友人が筆子にはいたのである。それが、キリスト教信者としての筆子の「愛」を支えていたのだと思われる。

人は、よい思い出と友情なしには生きていけない。逆に言えば、よい思い出と友情されあれば、誰でも生きていけるということである。ヨハンネと筆子がお互いにしていたことは、相手によい思い出を与え、友情をもって接することであった。

筆子に関して言えば、それこそが福祉活動の原点であったのではないだろうか。ほかに選択肢があったにもかかわらず、筆子があえて選んだ茨《いばら》の道は、そこから出発したものだと思う。自立した女性の誇り高い考え方をもちあわせていた筆子は、生き生きとした思い出と、ヨハンネの温かい友情に支えられていたのだ。

ヨハンネにとっても、筆子の存在は貴重なものであった。一般的には、日本女性が西洋人の女性から影響を受け、新生日本のさまざま分野で活躍するというのが定石であったわけだが、ヨハンネの場合は、夫の出張中に一人家庭に残されて八人の子どもの育児と教育を一手に引き受けてきた主婦として来日し、不幸な結婚生活を味わっていた筆子に出会って初めて女性の社会的地位の問題に目覚めた。そして、帰国後にデンマークの婦人団体と交流をもつようになり、仏教についての講演をするなどして日本文化への理解を深めつつ、婦人参政権運動を通じて女性解放の道へと進んでいった。

ヨハンネは、筆子から受け取った「礼装の貴婦人」の写真を大事に保管していた。それを初めて刊行する著書にイラストとして使ったのだが、アート紙に複製されて印刷されたその写真は一〇〇年以上経った現在でも鮮やかなもので、艶やかな筆子の礼装姿を見せてくれている。日本に現存していた同じ写真はセピア色に変色しており、いかにも「無名の人」というイメージで、短調の旋律を思わせるような寂しい印象を与えてしまうのだが、ヨハンネの眼に映った筆子は、大事にしていた写真にふさわしく明瞭で利発、喜ばしい長調のメロディーのように人を魅了し、鼓舞してくれる明治期の国際人であった。

ヨハンネにとって筆子は、世界に誇らしく紹介できる「有名なる人」であった。そんなヨハンネは、一九二一年に七七歳で死去している。

滝乃川学園は東京郊外の谷保に一九二八年に移転し、現在に至っている。ここで晩年まで活動を続けた筆子は、一九四四年に八四歳で亡くなった。筆子が「有名なる人」として蘇ることを、本書を通じて祈りたい。

最後に、石井筆子の出身地である長崎県大村市のことに触れておきたい。

大村小学校の脇には、筆子の胸像が誇り高く設置されている。この胸像の除幕式は、大村市が二〇〇二年に開催した「石井筆子顕彰事業シンポジウム」の折に行われている。シンポジウムは大村市民会館で開催され、その成果が『無名《むみょう》の人　石井筆子』というタイトルで二〇〇四年に出版されている。

それ以来、大村市はさまざまな形で石井筆子についての情報を発信し、講演会なども開いているとも聞く。ちなみに、同市のホームページには、地元の「偉人」として筆子を紹介する記事も掲載されているので参照いただきたい（http://www.city.omura.nagasaki.jp/kanri/kanko/miryoku70sen/chi/jinbutsu/1-1.html を参照）。

本書の執筆にあたっては、すでにデンマーク語の原稿を作成する段階からゲラの直しをする時点に至るまで、多くの同僚研究者の諸氏から貴重な助言をいただいてきた。

石井筆子銅像（写真提供：大村市教育委員会）

とくに滝乃川学園の関係者のみなさんには、筆子関連史料ならびに写真の提供を受けるなど、大変お世話になった。また、ＤＮＰから研究助成金を拝受したこと、株式会社新評論の武市一幸氏からもひとかたならぬご助力をたまわったことを記して、心より謝意を表したい。

長島要一

二〇一四年　夏

参考文献一覧

・芥川龍之介『舞踏会』角川文庫、一九六八年
・『芥川龍之介集』（日本近代文学大系38）角川書店、一九七〇年
・『芥川龍之介全集』（第二巻）筑摩書房、一九七一年
・『増補　石井亮一全集』（第四巻）「石井亮一と滝乃川学園」石井亮一全集刊行会（監修）、大空社、一九九二年
・『改正官員録　全』外務省外交史料館蔵、一八八〇年一〇月
・『歌舞伎座百年史』永山武臣ほか、松竹株式会社、一九九三年
・木村毅『クーデンホーフ光子伝』鹿島研究所出版、一九七一年
・『小泉八雲全集』（全一七巻・別巻一巻）第一書房、一九二六～一九二八年
・近藤富枝『鹿鳴館貴婦人考』講談社、一九八〇年
・E・サトウ／長岡祥三訳『アーネスト・サトウ公使日記』（Ⅰ）新人物往来社、一九八九年
・『昭憲皇太后実録』（全三巻）明治神宮（監修）、吉川弘文館、二〇一四年
・『滝乃川学園　石井亮一・筆子夫妻の軌跡』くにたち郷土文化館編刊、二〇〇七年

・『滝乃川学園百二十年史』津曲裕次（編集代表）滝乃川学園、二〇一一年
・エリアノーラ・メアリー・ダヌタン／長岡祥三訳『ベルギー公使夫人の明治日記』中央公論社、一九九二年
・B・H・チェンバレン／高梨健吉訳『日本事物誌』（東洋文庫）平凡社、一九六九年
・築島謙三『増補　ラフカディオ・ハーンの日本観』勁草書房、一九八五年（一九六四年）
・津曲裕次『石井筆子』大空社、二〇〇六年（二〇〇一年）
・津曲裕次『滝乃川学園　石井亮一・筆子が伝えた社会史（1）』大空社、二〇一二年
・長島要一「デンマークにおけるハーン」平川祐弘（監修）『小泉八雲事典』所収、恒文社、二〇〇〇年、三九六〜三九七ページ
・長島要一『明治の外国武器商人　帝国海軍を増強したミュンター』中公新書、一九九五年（e版　二〇〇七年）
・長島要一「コーノウ大尉の見た敦賀」〈県民福井〉二〇〇五年六月二〇日、二七日所収
・長島要一「コーノウ大尉の奈良訪問」〈月刊奈良〉二〇〇六年六月号所収
・長島要一「コーノウ大尉の見た明治の函館」〈北海道新聞〉二〇〇六年八月二九日所収
・福田須美子『つながりあう知　クララと明治の女性たち』春風社、二〇〇九年
・アリス・ベーコン／久野明子訳『華族女学校教師の見た明治日本の内側』中央公論社、一九九

四年
・アリス・メイブル・ベーコン／矢口祐人・砂田恵理加訳『明治日本の女たち』みすず書房、二〇〇三年
・トク・ベルツ編／菅沼龍太郎訳『ベルツの日記』（上・下）岩波文庫、一九七九年
・クララ・ホイットニー／一又民子訳『クララの明治日記』（上）講談社　一九七六年
・眞杉章『天使のピアノ　石井筆子の生涯』ネット武蔵野、二〇〇七年（二〇〇〇年）
・『無名の人　石井筆子』一番ヶ瀬康子・津曲裕次・河尾豊司編、ドメス出版、二〇〇七年（二〇〇四年）
・『名作歌舞伎全集』（五巻）郡司正勝ほか監修、東京創元社、一九七〇年
・『明治天皇紀』（第8）宮内庁編、吉川弘文館、一九七三年
・ピエール・ロティ／野上豊一郎訳『お菊さん』新潮社、一九一五年（のちに岩波文庫）
・ピエール・ロティ／村上菊一郎・吉永清共訳『秋の日本』青磁社、一九四二年
・Bacon, Alice Mabel. *Japanese Girls & Women.* Kegan Paul. London 2001 (1891).
・Bacon, Alice Mabel. *A Japanese Interior.* London 1893.

- Chamberlain, Basil Hall. *Things Japanese*. Third Edition Revised. John Murray. London 1898.
- Chamberlain, Basil Hall. *Things Japanese*. Complete Edition. Meicho Fukyû Kai. Tokyo 1985. [Reprint of Sixth Edition Revised. Keagan Paul. London 1939.]
- *Damernes Blad*. Nr. 1, 1901.
- Hearn, Lafcadio. *Fra Skyggernes Verden: Skizzer fra Japan*. Samlet og oversat af Johanne Münter. Gyldendal. Kjøbenhavn 1902.
- *Husmoderens Blad*. 5. Aarg. Nr. 49. 1900.
- Ichikawa Sanki. *Lafcadio Hearn, A Bibliography of His Writings*. Burt Franklin, New York 1968.
- Konow, Henri. *I Asiens Farvande*. P.G. Philipsens Forlag. København 1893.
- *Kvindestemmmerets-Bladet*. 7. Aargang Nr. 2. Februar 1913.
- Mitford, A.B. *Tales of Old Japan*. London 1871.
- Münter, Balthasar. *Nogle Erindringer*. Bind I og Bind II. (Memoirer og Breve XXIV). August Bangs Forlag. København 1970. (Oprindeligt udgivet af Julius Clausen og P. Fr. Rist. København 1915.)
- Mangor, A. M. *Kogebog for Smaa Husholdninger*. Tiende Oplag. Thiele. Kjøbenhavn 1885.

- Münter, Johanne. *Fra Morgenrødens Rige*. Gyldendal. Kjøbenhavn 1900.
- Münter, Johanne. *Buddhismens Historie: Nogle Hovedtræk*. Berlingske Tidendes Officin. Kjøbenhavn 1901.
- Münter, Johanne. *Chrysanthemum*. Gyldendal. Kjøbenhavn 1901.
- Münter, Johanne. *Minder fra Japan*. Gyldendal. København 1905
- Nagashima, Yoichi. *De dansk-japanske kulturelle forbindelser 1873-1903*. Museum Tusculanum. Copenhagen 2003.
- Nagashima, Yoichi. *Dødens Købmand, Balthasar Münter levereandør til det kejserlige japanske hof*. Gyldendal 2006.
- *Vore Damer*. Nr. 10, 1914.
- Whitney, Clara A. *Clara's Diary: an American girl in Meiji Japan*. (Ed. by William Steele and Tamiko Ichimata). Kodansha International. Tokyo 1979.

筆子・ヨハンネ関連年表

一八六一（文久元）	筆子、長崎大村に生まれる。
一八六八（明治元）	明治維新
一八六九	父の渡辺清、新政府の官吏となって上京。
一八七二	筆子上京。翌年、東京女学校に入学。
一八七四	父清、福岡県令として赴任。
一八七七	筆子、ホイットニー家の英語塾へ通う。
	同年、福岡へ転居。
一八七九	前アメリカ大統領グラント将軍と英語で会話をする。
一八八〇	母ゲンとともに上京。
	クララ・ホイットニー帰国。
	ブランシェット夫妻の塾に通う。
	旧大村藩家老の子息小鹿島果と仮祝言を挙げる。

	七月、オランダ・ベルギー特命全権大使長岡護美に伴って留学。
一八八一	母ゲン死去。
	父清、元老院議員となって上京。
一八八二	五月、筆子ヨーロッパより帰国。
	クララ・ホイットニー再来日。
	津田梅子、山川捨松帰国。
一八八三	鹿鳴館落成。
一八八四	統計局勤務の小鹿島果と結婚。
一八八五	華族女学校のフランス語教師となる。
	一一月、天長節の夜会にピエール・ロティが参加する。
一八八六	長女、幸子誕生。同年、幸子とともに受洗。
一八八七	武器商人バルタサー・ミュンター来日。
一八八八	大日本婦人教育会の発会式で演説する。
一八八九	大日本帝国憲法発布。
	筆子、大日本婦人教育会常集会でベーコン女史の演説を通訳する。
	青木外務次官主催の舞踏会で、ベルツ博士に絶賛される。

一八九〇	教育勅語発布。
	第一議会召集。
	次女、恵子早世。
一八九一	三女、康子誕生。
	濃尾地震。
	石井亮一、聖三一弧女学院を設立。
一八九二	夫果が三六歳で死去。
	弧女学院、滝野川村に移転。
一八九三	筆子、静修女学校校長に就任。
一八九四	華族女学校幼稚園主事に就任。
	バルタサー、一時帰国。
	日清戦争勃発。
一八九五	下関条約締結。
	ヨハンネ、夫らとともに来日。
一八九六	ヨハンネ帰国。
	筆子、渡辺姓に戻る。

一八九七	弧女学院、滝之川学園と改称。
一八九八	長女、幸子が滝之川学園に引き取られる。 三女、康子死去。 バルタサー・ミュンター帰国。 筆子、静修女学校校長辞任。 万国婦人倶楽部第四回大会に津田梅子とともに日本代表として出席し、講演する。 ブランシェット師宅で亮一と筆子が会見。
一八九九	津田梅子とともに皇后を拝謁し、アメリカ視察の報告をする。 筆子、華族女学校を退職。 亮一、静修女学校校長に就任。
一九〇〇	大日本婦人教育会役員を辞任。
一九〇二	静修女学校を閉鎖し、地所と建物を津田梅子の女子英学塾（のちの津田塾大学）に譲る。
一九〇三	亮一と筆子が結婚。
一九〇四	日露戦争勃発。

一九〇六	滝之川学園、巣鴨村庚申塚に移転。
一九〇九	国際婦人参政権連盟会長チャップマン・キャット夫人、筆子に書簡を送る。
一九一〇	ヨハンネ・ミュンターから日本の婦人参政権運動についての書簡（四月二八日付）が届く。
一九一二（大正元）	筆子の英文原稿についてのヨハンネの返信（八月一日付）が届く。 明治天皇崩御。
一九一三	チャップマン・キャット夫人来日、筆子らと帝国ホテルで会合。 筆子のヨハンネ宛一九一二年一二月三日付の書簡が、デンマークの『婦人参政権新聞』（二月号）に掲載される。 婦人解放運動へのメッセージを寄せたヨハンネの筆子宛書簡（三月一〇日付）が届く。
一九一四	明治皇后（昭憲皇太后）崩御。 第一次世界大戦勃発。
一九一六	長女、幸子死去。（三〇歳）
一九二二	ヨハンネ死去。（七七歳）
一九二三	関東大震災。

一九二六（昭和元）	大正天皇崩御。
一九二八	滝之川学園、谷保村へ移転。
一九三一	満州事変。
一九三三	日本、国際連盟から脱退。
一九三七	亮一死去。（七一歳）
	日中戦争勃発。
	筆子、滝之川学園園長に就任。
一九三九	第二次世界大戦勃発。
一九四四	筆子死去。（八四歳）

著者紹介

長島　要一（ながしま・よういち）

1946年東京生まれ。コペンハーゲン大学異文化研究・地域研究所DNP特任研究教授。日本・デンマーク関係史のほか、森鷗外、アンデルセンの研究者・翻訳家としても知られる。

第３回森鷗外記念会賞、第31回日本翻訳出版賞、2002年コペンハーゲン大学最優秀教師賞を受賞。

日本語の著書に『明治の外国武器商人』（中公新書）、『森鷗外 文化の翻訳者』（岩波新書）、『日本・デンマーク文化交流史 1600—1873』（東海大学出版会）、『大北電信の若き通信士 フレデリック・コルヴィの長崎滞在記』（長崎新聞新書）、『ニールス・ボーアは日本で何を見たか』（平凡社）などがある。

訳書としては、E・スエンソン『江戸幕末滞在記』（講談社学術文庫）、『あなたの知らないアンデルセン』（評論社）、ヤンネ・テラー『人生なんて無意味だ』（幻冬舎）など多数ある。

明治の国際人・石井筆子　（検印廃止）
——デンマーク女性ヨハンネ・ミュンターとの交流

2014年10月10日　初版第１刷発行

著者　長島要一
発行者　武市一幸

発行所　株式会社　新評論

〒169-0051
東京都新宿区西早稲田３-16-28
http://www.shinhyoron.co.jp

電話 03(3202)7391
FAX 03(3202)5832
振替・00160-1-113487

落丁・乱丁はお取り替えします。

定価はカバーに表示してあります。

印刷　フォレスト
製本　中永製本所
装幀　山田英春

ISBN978-4-7948-0980-3
Printed in Japan